暨南文库·新闻传播学
*JINAN Series in Journalism & Communication*

# 编 委 会

本书是国家社科基金重大项目

"视觉修辞的理论、方法与应用研究"

阶段性成果


（项目号：17ZDA290）

瞭望者

J

暨南文库·新闻传播学 **1**

*JINAN Series in Journalism & Communication*

# 生态与修辞
## 符号意义论

彭 佳
汤 黎 著

暨南大学出版社

JINAN UNIVERSITY PRESS

中国·广州

图书在版编目（CIP）数据

生态与修辞：符号意义论/彭佳，汤黎著. —广州：暨南大学出版社，2019.12

（暨南文库. 新闻传播学）

ISBN 978 - 7 - 5668 - 2836 - 1

Ⅰ.①生…　Ⅱ.①彭…②汤…　Ⅲ.①符号学—研究　Ⅳ.①H0

中国版本图书馆 CIP 数据核字（2019）第 286123 号

生态与修辞：符号意义论
SHENGTAI YU XIUCI：FUHAO YIYILUN
著　者：彭　佳　汤　黎

.........................................................................................

出　版　人：徐义雄
项目统筹：黄圣英
责任编辑：王莎莎　詹建林
责任校对：黄　颖　冯月盈
责任印制：汤慧君　周一丹

出版发行：暨南大学出版社（510630）
电　　话：总编室（8620）85221601
　　　　　营销部（8620）85225284　85228291　85228292（邮购）
传　　真：（8620）85221583（办公室）　85223774（营销部）
网　　址：http://www.jnupress.com
排　　版：广州尚文数码科技有限公司
印　　刷：广州市快美印务有限公司
开　　本：787mm×1092mm　1/16
印　　张：11
字　　数：190 千
版　　次：2019 年 12 月第 1 版
印　　次：2019 年 12 月第 1 次
定　　价：42.00 元

（暨大版图书如有印装质量问题，请与出版社总编室联系调换）

# 总　序

⋯　⋯

　　如果从口语传播追溯起，新闻传播的历史至少与人类的历史一样久远。古人"尝恨天下无书以广新闻"，这大约是中国新闻传播活动走向制度化的一次比较早的觉醒。

　　消息、传闻、故事、新闻、报道，乃至愈来愈切近的信息、传播、大数据，它们或者与人们的生活特别相关、比较相关、不那么相关、一点也不相干，或者被视为一道道桥上的风景、一缕缕窗边的闲情抑或一粒粒天际的尘埃，转眼消失在风里。微观地看，除了极少数的场景外，新闻多一点还是少一点，未必会造成实质性的差别；本质地看，人类作为社会性的动物，莫不以社会交往，包括新闻传播的存在和丰富化为前提。

　　这也恰好是新闻传播生存样态的一种写照——人人心中有，大多笔下无。它的作用机制和内在规律究竟为何，它的边界究竟如何界定，每每人见人殊。要而言之，新闻传播学界其实永远不乏至为坚定、至为执着的务求寻根问底的一群人。

　　因此人们经常欣喜于新闻传播学啼声的清脆、交流的隽永，以及辩驳诘难的偶尔露峥嵘。重要的也许不是发现本身，而是有越来越多的研究者参与其中，或披荆斩棘，或整理修葺。走的人多了，便有了豁然开朗。倘若去粗取精，总会雁过留声；倘若去伪存真，总会人过留名。

　　走的人多了，我们就要成为真正的学术共同体，不囿于门户之见，又不息于学术的竞争。走的人多了，我们也要不避于小心地求证、深邃地思考，学而不思则罔。走的人多了，我们还要努力站在前人、今人的肩膀上，站得更高一些，看得更远一些。

　　这里的"我们"，所指的首先是暨南大学的新闻传播学人。自 1946 年起，创系先贤、中国第一位新闻学博士、毕业于德国慕尼黑大学的冯列山先生，以及上海《新闻报》总经理詹文浒先生等以启山林，至今弦歌不辍。求学问道的同好相互砥砺，相互激发，始有本文库的问世。

"我们"，也是沧海之一粟。小我终究要融入大我，我们的心血结晶不仅要接受全国同一学科学术共同体的检验，还要接受来自新闻、视听、广告、舆情、公共传播、跨文化传播等领域的更多读者的批评。重要的不完全是结果，更多的是过程。在这一过程中我们特别关注以下剖面：

第一，特定经验与全球视野的结合。文库的选题有时是从一斑窥起，主要目标仍然是研究中国全豹，当然，我们也偶或关注印度豹、非洲豹和美洲豹。在全球化时代，我们的研究总体会自觉不自觉地增添一些国际元素。

第二，理论思辨与贴近现实的结合。犹太谚语云"人类一思考，上帝就发笑"，或许指的是人力有时而穷，另外一种解释是万一我们脱离现实太远，也有可能会堕入五里雾中。理论联系实际，不仅是哲学的或革命的词句，也是科学的进路。

第三，新闻传播与科学技术的结合。作为一个极具公共性的学术领域，新闻传播的工具属于拿来主义的为多。而今，更是越来越频繁地跨界，直指5G、云计算、人工智能等自然科学的地盘。虽然并非试图攻城拔寨，但是新兴媒体始终是交叉学科的前沿地带之一。

归根结底，伟大的时代是投鞭击鼓的出卷人，我们是新闻传播学某一个年级某一个班级的以勤补拙的答卷人，广大的同行们、读者们是挑剔犀利的阅卷人。我们期望更多的人加入我们，我们期望为知识的积累和进步贡献绵薄的力量，我们期望不辜负于这一前所未有的气势磅礴的新时代！

编委会

2019 年 12 月

# 绪　论

　　生态与修辞，一属自然，一属文化；看似差之千里的议题，何以在符号学的视阈中得以联辔并行？尤其是，迄今为止，国内大部分人文学科的研究者对符号学的兴趣，尚且停留在语言文化领域，而将生物的，尤其是较为原始生命形态的生物所使用的符号，如机器符号，遗传符码，等等，都放置在自然科学的界域之中去考察，甚少将两者融通而论。然而，若我们越过语言符号学的边界，将目光投向更为宏阔的广义符号学体系，便不难发现，当代符号学的生物学转向早已开始，并且已经在跨学科的语境中对自然与文化的关系，进行了重新界定。自西比奥克（Thomas A. Sebeok）将动物符号学（zoo semiotics）确立为符号学研究的分支，并进一步提出建立"整体符号学"（global semiotics）的构想以来，符号学家们在这方面做出了不懈的努力。

　　符号学乃寻求"意义形式"之学，而意义，作为"意识与各种事物的关联方式"①，是主客体之间的相遇，意向性与对象之相关质性的联结。符号学的生物学转向，一方面，将意义形式研究的主体从人拓展至生命体，甚至是传统意义上的生命体以外的人工智能主体，不能不说这是当代人文学科和自然学科融合发展、彼此互证之大势所趋下取得的重要突破；但另一方面，对于"符号帝国主义"的泛滥可能，我们也应当有所警惕。对此，赵毅衡明确地说道："说普天下学问都是符号学的范围，不是没有道理，因为都卷入意义。王夫之的界定更宽：'乃盈天下而皆象矣。诗之比兴，书之政事，春秋之名分，礼之仪，乐之律，莫非象也，而《易》统会其理。'中国古人看到了符号学的'全覆盖'品格。对这个局面，艾柯有一段理解，应当说非常合理：'一种看法是一切必须从符号学角度进行研究，另一种看法是一切可以从符号学角度来探索，只是成

---

　　① 赵毅衡：《哲学符号学：意义世界的形成》，成都：四川大学出版社，2018年，第6页。

功程度不一。'第一种看法是'符号学帝国主义'，第二种看法切合实际：是否有用的确要具体看，哪怕能用上符号学，也不一定能有效地推进这些学科。"①衡量是否应当或可以以符号学为基本的理论视阈，来对不同学科进行透视、比较、融合，其至关重要的标准是，符号学研究是否能够对已有学科的边界、概念、理论模式做出新的推进。在这方面，塔尔图—莫斯科符号学派（Tartu-Moscow School of Semiotics）在生态符号学方面的探索堪称表率。

生物符号学的建立者西比奥克认为，唯有将动物符号学与对人类符号行为的研究并置，才能更深入和广泛地开拓符号学的疆域。为了达到这一目标，他开始了孜孜不倦的文献追寻工作，以皮尔斯符号学的开放框架为理论背景，希望找到一系列的"隐符号学家"，以此逆向建构广义符号学的史前史。在西比奥克的努力之下，尤克斯库尔（Jacob von Uexküll）的主体世界（umwelt）理论被"重新发现"，尤克斯库尔本人也被视为生物符号学的鼻祖。

主体世界理论认为，生命体生存和活动的世界是由生命体的感知所覆盖、所创造的，这个意义世界基于符号关系而建立。由于物种之间的感知器官、方式和范畴不尽相同，在同一个实际世界中，不同的生命体建造出了不同的主体世界，也就是说，它们拥有彼此各异的意义世界。由于主体世界的复杂性是随着生命体的阶序等级发展而递增的，即越是高等的生命体，其处理的符号类型和符号过程也就愈加多样。因此，尤克斯库尔认为，人类拥有最高级、最复杂和宽广的主体世界，而动物的主体世界所包含的定位对象，一定少于人类的主体世界。这一看法在西比奥克和以新塔尔图学派为代表的生物符号学家们的研究中得到了推进：他们将从塔尔图—莫斯科符号学派发展而来的模塑系统（modeling system）的概念和主体世界理论相融合，并指出，由于人类才拥有语言和文化的模塑系统，只有人类才拥有多重的主体世界，并且有意识地去观察、建构和想象不同的主体世界。

主体世界理论不仅对意义机制研究提供了帮助和挑战，在各个学科也都得到了广泛的发展和运用。2001 年，新塔尔图学派的掌门人库尔（Kalevi Kull）在主持期刊《符号学》（Semiotica）的尤克斯库尔专辑时就总结道，主体世界理论已经在以下这些领域得到了长足发展：符号学、哲学、数学、语言学、人类

---

① 赵毅衡：《符号学》，台北：秀威书店，2012 年，第 23 页。

学、文学、艺术、生理学、医学、生态学和理论生物学。① 尤其是在生命符号学和文化符号学的交叉研究中，它发挥着越来越重要的作用。马格纳斯（Riin Magnus）和库尔认为，对主体世界理论采取不同的视角，就可以对它的文化意涵进行不同的联想和运用：

　　一、如果我们将主体世界理论解释为，它展示了生物形式和行为是如何使能够接收印象的生命体的感觉印象受到影响的，那么，它可能会引起对表达的艺术形式和表达之下的印象之间的耦合问题的关注；

　　二、如果主体世界理论被解读为除了人类之外的所有生命体理想的生物适应和特化的理论，那么文化就成了适应环境的这一重要需求的延伸，尽管较之于之前的形态和生理学上的适应，它完全不同；

　　如果我们将关注点放在主体世界概念中所表达的意义和符号关系问题上，那么，就可以延续对所有生命体的共有符号基础的研究；

　　如果主体世界理论被视为一种融合主体和系统视角的方法，那么，它或许暗示了对人文学科中的认知学和社会学分隔的可能解决方法。②

　　在这样的理论框架之下，对自然和语言文化的意义机制之探寻，成了符号学探索的重要目标之所在。如果说人类的"主体世界"是经由特有的感知、语言和文化系统所模塑（modelling）的，那么，通过如此建构而成的意义世界，通过人的实践活动反过来又作用于自然，影响着自然。自然与文化截然两分的状态由此受到了挑战，这使得我们重新去反思生态环境与文化之间的互动关系，就如库尔所说的："要理解或解决人类面临的生态问题，光靠生态学知识是不够的，因为这些问题是某些深层的符号和文化过程的结果，和生态的、生物的问题交织在一起。"③探寻普遍意义上的符号意义机制，就是在深层结构上探寻文化符号过程和生物符号过程何以能够交光互影、互生互证——对生态与修辞的符号机制之考察，涉及人类"主体世界"中的自然如何被映现、表征和建构，

---

　　① KULL K. Jacob von Uexküll: an introduction. Semiotica, 2001, 134（1）: 12.

　　② MAGNUS R & KULL K. Roots of culture in the umwelt//VALSINER J. The Oxford handbook of culture and psychology. Oxford: Oxford University Press, 2012: 660 - 661.

　　③ KULL K. Semiotc ecology: different natures in the semiosphere. Sign systems studies, 1998（26）: 366.

正是笔者在这方面做出的系统尝试。

　　本书以基本的符号意义机制为起点，首先论及的，是符号活动（semiosis）的指示性，如何在意义过程中以先验意识为框架，贯通了从生物信号到文化符号的范畴，从而为符号世界与现实世界之间的结合起到了基本的锚定作用。指示性自生物世界到文化世界的连续性，为广义符号学的"符号连续论"提供了有利的注脚，并为我们进一步探寻生态世界如何在人类的模塑活动中被反复建构，奠定了方法论上的基础。以此为起点，本书对文化的二元对立如何在深层结构上表现为三元关系做出了系统的分析讨论，这就是文化的"标出性"概念，它揭示了文化的各种对立话语是如何动态式地发展并翻转，从而使得文化符号域始终保持着持续的动力。而符号的三元机制，是皮尔斯符号学的基本模式，它对符号的无限衍义始终保持敞开，对各个领域的符号学研究敞开，其包容性与开放性远超结构主义符号学，因此被生物符号学家们普遍地运用于生物哲学、信息学等领域的研究。修辞机制亦是如此——作为转义的修辞格和作为认同的话语，在对自然的再现方式上，都是以相同的机制进行着符号生产；而我们对自然的想象，就是在符号的连续体中得以绽放和再生。这样的生物符号连续论，放置在艺术学的领域中，可以充分地说明在整个生态环境中，"前艺术"的符号与艺术符号之间的相通与不通，进而为美感和符号能力的渐进性提供重要的论证。在过去二十年间兴起的生物科技艺术，则将生命体从艺术的再现对象延伸至艺术的符号载体，这种整全的艺术观，为生态意识越出人类中心主义做出了新的尝试。在整全的生命艺术观中，对山水、对自然万物的再现，都是生命艺术的一部分：人们将美学和伦理的意义赋予自然，在长期的艺术实践中，形成了文化的符码，从而生成了意义丰富的意象；就如苔藓作为中国诗歌和绘画的独特象征，反过来对实践中的环境空间的建构产生了影响那样，对生态的修辞，在很大的程度上，决定着"自然文本"的意义生产与再生产，决定着我们如何去改造我们生活的这个世界。

　　"人，诗意地栖居"，荷尔德林的著名诗句被如此广泛地传颂，其所携带的浓厚的哲学色彩，早已使得人们将其视为学术探寻最为浪漫的注解之一。同样的，它也能为符号学对生态与修辞的意义机制之探寻提供绝妙的注解——生态符号学所念兹在兹的、对文化符号活动如何切实影响了对自然之建构的考量，可以帮助我们看清，符号意义活动的机制如何让我们诗意地建构了自然，建构了我们所赖以生存的主体世界。

# 第一章

# 符号的指示性

…　…

## 第一节　论先验意识的指示性框架
### 及作为第二性的指示性

指示性，作为皮尔斯符号学体系的基本概念之一，对应的是第一性（firstness）还是第二性（secondness），对于符号学基础理论而言是个重要问题。在《论共现，以及意义的"最低形式完整要求"》一文中，赵毅衡指出，在意识对物的不同类型的共现中，指示性起着至关重要的作用，并由此推论说，人的先天意义综合能力是以指示性为基础的，指示性是符号现象学的第一性。[①] 在《指示性是符号的第一性》一文中，他进一步指出，由于指示符号的统觉—共现本质，以及指示性与自我意识的关系，指示性作为意识的基础，必然是第一性的。[②] 笔者认为，指示性固然是意识的基本框架特征，但指示性在符号现象活动中却是第二性的存在，应当分开加以讨论。

### 一、何为指示性？

皮尔斯在建立当代符号学的理论体系时，把符号分为像似符（icon）、指示符（index）和规约符（symbol）三种。这三种符号基于与对象之间的不同关系而形成，因此各有差别。其中，指示符是"促使自己的注意力集中到能够引起其反应的对象之上"[③] 的符号，它与对象之间是实在的关系。症状、踪迹、代词、方向符、敲门声等，都是最为明显的指示符，它们与对象之间的联结可以是物理式的、动力性的。在皮尔斯之前，这一类符号并没有专门地作为一个类型而被加以讨论，无怪乎威尔斯（Rulon Wells）曾如此评价："皮尔斯像似符的

---

① 赵毅衡：《论共现，以及意义的"最低形式完整要求"》，《社会科学家》2016 年第 3 期，第 14 - 20 页。

② 赵毅衡：《指示性是符号的第一性》，《上海大学学报》2017 年第 6 期，第 104 - 113 页。

③ 皮尔斯著，赵星植译：《皮尔斯：论符号》，成都：四川大学出版社，2014 年，第 56 页。

概念如同柏拉图的概念一样陈旧（即符号模仿所指）；规约符的概念是原创性的，但其讨论没有什么成果；只有在指示符的概念上，皮尔斯的讨论是新颖的，并且富有成果。"[1] 然而，尽管指示符这一概念具有极高的原创性，对于它的形成基础——指示性（indexcality），相关讨论却并不多见。学界在论及指示性时，多将其与对指示符本身的分析相并置，而加以论证。

在《符号学基础》（*Semiotics：The Basics*）一书中，钱德勒（Daniel Chandler）提到了符号的"指示性模式"（indexical model）。这种模式"能指并不任意武断，但是以某种方式（物理性地或是因果性地）直接关联着所指（而非其内容）的模式——这种关联性能够被观察到或者被推论出来"[2]。在该书所举的例子中，这种"直接关联"可以是空间方向性的烟火、闪电、指示牌和具有空间关系的温度计、钟表时刻，也可以是能够被物理性地辨认出来的符号，如某个人的笔迹、症状等。前者是空间性的，后者是与"感觉或记忆有联系的"——其共同点在于，它们能够"指出"对象之所在。由此看来，指示性的空间性、物理性和关系性，是非常明显的。

在现象学中，指示性被视为一种对对象的"锚定"，通过对诸如"你""我""这里"等代词和对象之间的关系确立，整个语意和认知系统能够就此展开。[3] 也就是说，指示性是符号与对象之间的直接关系，它们之间具有因果性，如皮尔斯所说的，"指示符是这样一种符号，它指示其对象是因为它真正地被那个对象所影响"[4]。这种影响可以是符号主体能够将指示符与对象直接联系起来，确定两者之间的"锚定"关系，如代词与对象的关联那样。此外，它也可以是驱动符号主体对对象做出的身体反应，如敲门声促使听到的人去开门，路标指示着前进的方向，等等。这些指示符与其对象之间的关系，都是因果性的。

西比奥克曾概括过指示性的基本特征，他指出，指示性的基本特征，是连续性（continuity），包括"时间上的接续"（temporal succession）、"因果或果因关系"（relations of a cause to its effect or of an effect to its cause），以及"空间/时间的联结"（space/time vinculum）。由此，他论证说，动物的符号活动是指示性

---

① WELLS R. Distinctively human semiotics. Social science information，1967（6）：104.

② CHANDLER D. Semiotics：the basics. London：Routledge，2002：37.

③ GENIUSAS S. The origins of the horizon in Husserl's phenomenology. Dordrecht：Springer，2012：21.

④ 皮尔斯著，赵星植译：《皮尔斯：论符号》，成都：四川大学出版社，2014年，第55页。

的，它们与时空关系和因果效应紧密相关。① 此处较为清楚地阐明了指示性的特性，并成为不少论者将指示性和皮尔斯所说的第二性相对应的论据，因为皮尔斯明确地说，第二性是事实范畴的，也就是说，它是"一种没有法则或理性的、蛮横的力量"②。这种力量与法则、与相似性都无关，而是单纯指向的时空或因果关系，将主体的注意力引到对象之上。以认知方式而言，它对应着皮尔斯所说的"申符"（dicent），即与对象之间有着实在关系，"可以让符号解释者把符号的某些品质与其所指对象的某些方面实在地连接起来"③ 的关系。指示性，或者说第二性，所强调的是事物之间的关系，"两种事物之间的那种相互作用"④，因此必然是关系性的——这是不少学者所持有的看法。

然而，对于指示性与第二性的对应关系，也有符号学家表示反对。如上文所说的，赵毅衡就认为，指示符是第一级符号，"指示性是意义世界基础性的活动，至少指示性的起点是先验的、直觉的"⑤。索内松（Göran Sonesson）也曾从认知的角度讨论符号现象在主体意识中的呈现，他认为，在皮尔斯所说的"基础"（ground），也就是对符号对象的感知中已经有指示性存在，而感知对应的是第一性。⑥ 然而，先验意识的指示性，与实际的符号现象过程中的指示性是否相同？先验意识的指示性框架，是否就意味着在符号现象过程中，指示性能够先于像似性被获得？要弄清楚这些问题，就必须回到皮尔斯，回到他的现象符号学范畴中相对应的两组概念，即第一、二、三位和第一、二、三性，去寻求答案。

## 二、从符号学发生史论指示性的地位

在论证指示性的第一性地位时，赵毅衡首先从符号的发生史出发来对这一问题加以探讨。他写道："学者往往从两个方面讨论其发生过程：一是观察动物的表现，如果动物也具有此种能力，那就证明这是生物进化所得，而不是人类

---

① SEBEOK T. Indexicality. Journal of American semiotics, 1990, 7 (4): 7 – 28.

② 皮尔斯著，赵星植译：《皮尔斯：论符号》，成都：四川大学出版社，2014 年，第 23 页。

③ 赵星植：《论皮尔斯符号学中"信息"概念》，《符号与传媒》2016 年第 2 期，第 166 页。

④ 皮尔斯著，赵星植译：《皮尔斯：论符号》，成都：四川大学出版社，2014 年，第 23 页。

⑤ 赵毅衡：《指示性是符号的第一性》，《上海大学学报（社会科学版）》2017 年第 6 期，第 112 页。

⑥ SONESSON G. The phenomenological semiotics of iconicity and pictoriality—including some replies to my critics. Language and semiotic studies, 2016: 1 – 73.

的独特特征；另一个途径是检查儿童的成长过程，看他们什么时候获得此品格，因为儿童的智力成长浓缩地重复了生物进化史。"① 在此基础上，他进而论证道，植物和内符号活动都是指示性的，并以兹拉特夫（Jordan Zlatev）的实验为例，来说明指示符是和对象没有再现关系、抽象程度最低的符号。②

所有生命活动都是符号活动，生物的原始信号，从最低级的、对刺激的生理性反应，到较为高级的、动物群体的信息交流，都是依靠符号来完成的，这是生命符号学（biosemiotics）所达成的共识。生命符号学的重要理论支撑，是尤克斯库尔的主体世界模式：生命体首先必须辨认出外界环境中的相关对象（object），尤其是接收到对象的相关特质，将其转化为符号或再现体（representamen），然后才能按照自己的生命图示，对这种符号做出相应的反应，这种反应就是解释项（interpretant）。在这个过程中，生命体首先要进行对对象相关特质的接收，才能将对象转化为符号/再现体，这个过程就是像似性（iconicity）产生的过程。皮尔斯是如此定义像似符的："像似符是这样一种符号，它仅仅借助自己的品格（quality）去指称它的对象。"③ 而在论及第一性时他则说，第一性是一种"纯粹的品质"："我不是说即刻的知觉本身（顺便说一下，它是纯虚构的）是第一性的，而是说我们即刻感知到的性质（quality）是第一性，这种感知到的性质并非虚构。"④ 皮尔斯的现象符号学理论是心物二元范式的——心灵（意识）位于一端，作为对象的物位于另一端，符号现象过程始于虚构的、主观的心灵与实在世界的遇合，在实在世界的对象的品格（也就是性质）被生命体获得之时，它就由物转化为符号，一个"携带着意义的感知"⑤。此时，生命体所获得的是对象作为物所具有的无数特性中的一种，这种特性作为对象的某种纯粹品格，就是像似性，它对应着第一性。

赵毅衡认为，植物对阳光、重力的反应不是像似性，而是指示性；身体内部细胞的符号活动是几乎无意识的，因此是指示性的。这实际上谈到了生命符号活动所涉及的两个问题：其一，"近乎无意识"的细胞生命符号活动所产生的符号性；其二，植物符号活动的符号性。关于第一个问题，生物符号学家们

---

① 赵毅衡：《指示性是符号的第一性》，《上海大学学报》2017 年第 6 期，第 109 页。
② 赵毅衡：《指示性是符号的第一性》，《上海大学学报》2017 年第 6 期，第 109 页。
③ 皮尔斯著，赵星植译：《皮尔斯：论符号》，成都：四川大学出版社，2014 年，第 51 页。
④ CP1. 343. 按国际学术惯例，用此缩略法表示哈佛八卷本《皮尔斯文献》（Collected papers of Charles Sanders Peirce，Cambridge：Harvard University Press，1931 –1958）第 1 卷的第 343 段。本书对《皮尔斯文献》的引用均如此统一标注，下文不再说明。
⑤ 赵毅衡：《符号学原理与推演》，南京：南京大学出版社，2011 年，第 1 页。

普遍认为，生命符号活动与非生命的机械反应的显著区别在于，即使是最简单的生命体也有"意向性"（intentionality），能够有自我与外界的区分，以及寻求和辨认相关对象的能力，这种辨认能力是建立在细胞记忆的基础之上的。[①] 最原始的生命形态，即原核细胞，要能够辨认出环境中相关对象的特质，才能够将其转化为符号，进行反应。这种在物的无数性质中获得某一种特质，并形成相应符号的过程，就是像似性产生的过程。这种像似性，与人类的视觉像似性或者说文化心理的像似性有很大不同，不少符号学家对此都有过讨论。比如，胡易容就认为，其他生物获得的、在"物理性状与感知渠道交互作用时所造成的相近性联系或误导性认知"[②] 只能被称为"相似"，只有人类的心理文化对感知的性状解释才能被视为"像似"。此种看法在人类符号学（anthroposemiotics）中自成体系，有一定的合理性，但本书是在皮尔斯的符号学理论框架中讨论像似符与像似性问题，故此，仍然坚持皮尔斯本人对像似符的定义，将生命体依靠生理渠道获得的对象的相关性质视为"像似性"，认为其对应着第一性。

对于细胞符号活动的性质，讨论得较为深入的是生物符号学家库尔。他指出，尽管细胞可以对外界做出反应和实现自身分裂，但其主体世界是不具有空间性的，它无法辨认角度、形状、距离，也无法对信号的模式进行分类辨认。[③] 这就对克兰朋（Martin Krampen）的"内符号"活动乃指示性一说提出了有力的反驳。既然空间性是指示性的基本特征，而细胞的符号活动并非空间性的，那么，这一活动就仍然是以获得对象的相关性质为主的，是像似性而非指示性的。

同理，植物的符号活动也是如此。植物的符号活动是非时间性、非空间性的，它的向光生长只是根据生物信号符号的对应性（correspondences）而做出的反应，而并非共时轴上的空间符号活动。当然，在生物及生物符号活动的渐进演变中，有少数植物，如捕蝇草、含羞草，也逐渐演化出具有空间指示性的符号活动，因此，库尔才指出植物—动物—文化符号活动所对应的像似性—指示性—规约性门槛是相对的，其间会出现过渡和例外[④]；但从符号活动的发生史

① PATERSON H E. Evolution and the recognition concept of species. Baltimore：The Johns Hopkins University Press，1993：2.

② 胡易容：《图像符号学：传媒景观世界的图示把握》，成都：四川大学出版社，2014年，第31页。

③ KULL K. Vegetative，animal，and cultural semiosis：the semiotic threshold zones. Cognitive semiotics，2009（4）：20.

④ KULL K. Vegetative，animal，and cultural semiosis：the semiotic threshold zones. Cognitive semiotics，2009（4）：23.

而言，像似性先于指示性而产生，这一点是毋庸置疑的。

在论及符号活动发生史时，赵毅衡以兹拉特夫对儿童智力发展的研究为例，来证明指示性作为第一性的地位。这一论述与本书的一个基本分歧就在于：兹拉特夫的这一实验，研究的对象是已经出生的儿童，也就是已经具有基本意识的人；而生命的起点不在于此，在于受精卵细胞的形成，此时的生命符号活动是不具有指示性的。兹拉特夫本人的研究也从侧面证实了这一点：在对"意义"（meaning）一词进行符号学定义时，他指出，七个月大的胎儿就已经有了情绪反应，不再是之前与植物类似的、"无情绪的"、以信号为基础（"emotionless" cue-based）的反应。[①] 这就证明了人类的成长过程及符号活动发生过程，其起点是像似性而非指示性，指示性是生命符号活动发展到有明显意识之阶段才能出现的产物。而生命符号活动一旦进入这一阶段，由于先验意识的框架是以指示性为主导的，因此会表现出较强的指示性特征。但这并不意味着指示性在这一阶段的符号活动中是第一性的，要将这一点辨析清楚，就必须回到皮尔斯对第一、二、三性和第一、二、三位的讨论上去。

## 三、第一、二、三性与第一、二、三位

皮尔斯将符号现象过程中的第一、二性和第三性（thirdness）称为"三种存在模式"[②]，其中，第一性是"实在的、质的可能性的存在"[③]，第二性是"实际事实的存在"[④]，而第三性是"支配未来事实之法则的存在"[⑤]。在心灵（意识）与物的遇合中，这三性在逻辑上是环环推进而被获得的，而获得这三性的基础，从符号现象过程的主体性而言，在于人的意识之"第一位"（first）、"第二位"（second）和"第三位"（third）。

皮尔斯认为，第一性是外在于对象的，它本身就"实在地存在于主体的存在之中，就好像它与其他任何事物都无关一样"，只是一种"可能性"。然而，尽管第一性是本来就存在于主体的意识之中的，只有当它与对象发生关系时，

---

① ZLATEV J. Meaning = Life + （Culture）: an outline of a unified biocultural theory of meaning. Evolution of communication, 2002（2）: 273.

② 皮尔斯著，赵星植译：《皮尔斯：论符号》，成都：四川大学出版社，2014 年，第 9 页。

③ 皮尔斯著，赵星植译：《皮尔斯：论符号》，成都：四川大学出版社，2014 年，第 9 页。

④ 皮尔斯著，赵星植译：《皮尔斯：论符号》，成都：四川大学出版社，2014 年，第 9 页。

⑤ 皮尔斯著，赵星植译：《皮尔斯：论符号》，成都：四川大学出版社，2014 年，第 9 页。

我们才能发现它的存在——第一性必然是对象之相关属性在主体意识中的投射。故此，在我们发现第一性的存在时，它已经不再外在于对象或主体，而是联结性的、双向的。在意识中，与第一性相对应的是"第一位"，它是具有自足性（self-containedness）的范畴，即它是第一性这种必须要实现之后才能被我们所觉察到的、可能性的品质（quality）在主体中的意向性存在，简言之，它是未被实现的第一性。

第二性是由品质所构成的"事实"，换言之，它就是符号主体做出的、对对象的类别判断，它不再是感知到的品质或特性，而是一个明确的范畴性的事实。和第二性对应的是"第二位"，它是主体的意识范畴中因果性、强制力的存在，即它必然将对已然感受到的符号对象的第一性（相关品质）引向第二性（对事实的辨认和判断）。第二位和第一位一样，都是先验范畴的，并且，第二位必须与第一位具有不可分割性，就如第二性的获得必须以第一性为基础一般。

第三性是由事实推演出的一般"法则"（law），它是基于事实的一般性、普遍性的部分，而得出的理性（reason）或是思想（thought），是对事物将来可能（may be）的抽象。和第三性相对应的是第三位，它是意识的最高部分，即意志，是约束性的、规约性的。然而，作为理性法则之基础的第三位，并不全然是规约性的、经验的，除了经验性的"学习感"和"思想"之外，它还包括"综合的意识"和"对时间的联结"，后两者都是先验性的，这将在后文中提到。

总之，第一、二、三位是主体意识的范畴，而第一、二、三性必然是在主体和对象的相互关系中被获得的。皮尔斯如是说："第一、二、三位的观念是我们知识的恒定成分。它们要么必然会在感觉的再现中不停地被给予给我们，要么必定与我们的思想混合在一起，而后者则是心灵的特殊本质。由此，我们当然不可能认为这些观念在感觉中被给予。第一、二、三位并不是感觉。只有诸种事物显现来标记有第一、二、三位（而这些事物并不是常常都具有这些标签的）时，它们才会在感觉中被给予。"① 很显然，皮尔斯并不认为这三个先验的范畴是在感觉中、经验中获得的，它们绝不是经验性的；但是，它们一旦在和事物的关系中被实现为第一、二、三性，就能够被转化为实际的、符号主体的经验，这种经验是可以在不断累积的符号认知中被渐渐强化的。

第一、二、三位作为意识的三个范畴，其在主体意识中而不在其外的地位，

---

① CP 1. 358.

被皮尔斯多次提出。他写道："纯粹的、未被实现的概念（a mere idea unrealized）是纯然的第一位，它是概念的本质。"① 他将第一、二、三位称为"思想瘦弱的骨架（thin skeletons of thought）"②，这意味着，只有在实际的符号意义过程中，这一骨架才能得到填充，称为血肉丰满的具实所在，即实现了的第一、二性和第三性。这种"骨架"，抑或说是框架，在很大程度上是先验的、形而上的、本体的，然而，在符号活动的循环推进中，它渐渐成为不断整合自身经验的意识的整体存在。皮尔斯如此写道："宇宙的起点，上帝这一创造者，是绝对的第一位（the absolute first）；宇宙的终点，完全被揭示出的上帝，是绝对的第二位（the absolute second）；而在其间的某个可测时间点的每个状态都是第三位。"③ 此话是一个巨大的隐喻：将宇宙本体的存在、宇宙之本源视为上帝赋予意识的先验范畴，那倾向于寻找对象之相关质性的第一位；将对宇宙绝对明晰的界定和分类，也就是那"被完全揭示出的上帝"，视为意识范畴的第二位；为了达到这种绝对清晰的、对真理的界定，对理解的寻求是必不可少的，这种寻求是意识中的第三位。

因此，和符号意义过程从第一性到第二性，再到第三性的渐进性与连续性不同的是，尽管第一、二、三性在主体意识中对应的分别是第一、二、三位，但第一、二、三位的顺序关系却是如此的："至于第三位（third），我认为它是绝对的第一位与最后一位之间的媒介（medium）或纽带（bond）。开头是第一位的，结尾是第二位的，中间是第三位的。目的（end）是第二位的，手段（means）是第三位的。生命线（thread of life）是第三位的，剪断此线的命运是第二位的。岔路口是第三位的，它假定了三条路。一条直路，假如我们只把它看作是两个地方之间的连接线，那么这条直路就是第二位的；但只要它暗示了它是经过了中间的某些地方的，那么它就是第三位的。位置是第一位的，速度或两个连续的位置之间的关系是第二位的，加速度或三个连续位置之间的关系是第三位的。"④ 在这里，皮尔斯运用了不少形象的比喻来说明第一、二、三位之间的顺序关系，是想要指出"绝对的第二位"在意识之范畴中的"终极目的"地位——无论经历何种认知和解释，人类的心灵，归根到底是要获得对宇

---

① CP 1. 342.
② CP 1. 355.
③ CP 1. 362.
④ CP 9. 362.

宙井然有序的、终极性的理解，将混沌而无所指的意义宇宙纳入轩轾分明的秩序之中。这个终极导向引导着连续不断的符号意义过程，其间丰富各异的感知、判断和理解，即不断获得的第一、二、三性，都是指向这个难以企及的最高目标。此种心物互应、产生符号过程的模式，是皮尔斯符号现象学的基础，须辨证清楚。

## 四、先验意识的浑成性与指示性框架

上文已经指出，意识作为符号现象过程的主体，是由第一、二、三位三个范畴构成的，它们分别对应着符号主体对对象的感知、判断和理解。皮尔斯如是说："意识的真正范畴似乎是如下这样的：第一，感觉，可以包含在一瞬间之中的那种意识，有关品质的被动意识，它不涉及识别或分析；第二，干扰意识领域的那种意识，对外部事实或另一种东西的抵抗感；第三，综合的意识，对时间的连接，学习感，思想。"① 具体而言，第一位就是意识能够与对象的单个品质相对应的部分，第二位是意识中关系性、联结性、比较性的部分，而第三位是将各方面的感官和意识、将经验与意识统合的部分，就意识的先验部分而言，这三者是一个格式塔式的整体，彼此之间是难以分割的。

先验的符号现象过程，也就是先验性的符号判断，是在主体的先验意识下进行的，这种先验意识包括第一、二位和第三位中的先验要素部分，它们彼此之间不可分割。皮尔斯显然深受康德的影响，在论述符号现象范畴的开篇，他即写道："那种否定第一、二位以及第三位的观念是源于心灵之天生倾向的人，必定是坚持'白板说'（tabula rasa）理论的顽固派。到目前为止，我与许多康德主义者的论证是一样的。需要注意的是，我不会在此止步；我试图通过有关心理事实的独立检验去验证这种结论，看一下我们是否能够找出这三个部分，或者心灵机能、意识模式的存在迹象，因为这可能会证实刚刚研究的那些结论。"② 那么，皮尔斯所论的先验意识中的各个范畴，是如何验证康德关于先验判断的理论的，即在物之于先验意识的整体呈现中，这三个范畴是如何起作用

---

① CP 1. 377.

② 皮尔斯著，赵星植译：《皮尔斯：论符号》，成都：四川大学出版社，2014 年，第 12 页。

的？笔者认为，在康德所说的"直观中领会的综合""想象中的再生的综合"①和"概念中认定的综合"② 中，第一、二位和第三位中的"时间联结"和"综合"能力，是彼此一一对应的。

在《纯粹理性批判》中，康德指出，尽管对物的直观是杂多而无穷尽的，但它呈现在意识中时，却不是杂乱的，而是具有统一性的，他将其称为"领会的综合"。在这个直观的把握中，浮现出来的是对对象相关品质的寻获：每一次的观相获得，都是在诸种品质中获取到相关的某一种品质，这就是皮尔斯所说的，它是"一种状态（state），只要这种状态持续，那么它在时间的每一刻都是一个整体"③，就是在每个时刻获得的短暂而持续的感受，用康德的话说，"这种杂多却并不会被表象为杂多，因为每个表象作为包含在一瞬间中的东西，永远不能是别的东西，只能是绝对的统一性"④。这种统一性就是直接在场的"直接意识"所感受到的、对象具有的品质中与主体的先验意识结构中契合的确然性，在每一次形式直观中相关品质的获得，都是从无数多的可能性中建立这种确然性的过程。在后来为《纯粹理性批判》撰写的、阐释性的《任何一种能够作为科学出现的未来形而上学》中，康德将其称为直观中把握的综合，在柏拉图主义者看来，它就是人之先验"理念"能够在即刻的感知中和自在之物中对应相合的部分，它是皮尔斯符号三分体系中的像似符所具有的品质，"像似符是这样一种再现体，它的再现品质是它作为第一位的第一性。也就是说，它作为物所具有的那种品质使它适合成为一种再现体"。那么，作为像似符之形成基础的像似性，在符号主体的意识范畴中，有着一个可以对应的意向性（第一位）要将其寻获；因此，反过来，这个像似符作为物的、本身具有的与意识之意向

---

① 在康德看来，"想象力之再生的综合"是经验的，而"只有想象力的生产性的综合才能够先天地发生"。然而，根据《康德三大批判合集》德文编者的补注，此处所论的"想象力之再生的综合"应当是"想象力的生产性的综合"。此种解释甚为贴合上下文语境，康德如是写道："领会的综合和再生的综合不可分割地联结着的。而既然前者构成所有一般知识（不仅是经验性的指示，而且也有纯粹先天知识）的可能性的先验根据，那么想象力的再生的综合就是属于内心的先验活动的，而考虑到这一点，我们愿意把这种能力也称之为想象力的先验能力。"详见康德著，邓晓芒译：《康德三大批判合集》（上），北京：人民出版社，2015 年，第 101 – 111 页。

② 康德著，邓晓芒译：《康德三大批判合集》（上），北京：人民出版社，2015 年，第 101 – 103 页。

③ 皮尔斯著，赵星植译：《皮尔斯：论符号》，成都：四川大学出版社，2014 年，第 15 页。

④ 康德著，邓晓芒译：《康德三大批判合集》（上），北京：人民出版社，2015 年，第 101 页。

性（第一位）相对应的品质，使得它可以反过来被意识寻获而获得像似性。由此看来，像似性是主体意识中的第一位所寻获的品质，它应当对应的是第一性。

那么，在先验意识进行的符号现象过程中，是否可以只是第一位在起作用？进一步地，符号过程是否可以仅仅止于第一性的获得？第一个问题的答案显然是否定的，因为在形式直观之后的形式还原中，先验意识中的第二个部分，"想象中的再生的综合"必然起到作用：这种综合能力，就是想象力给予主体的、将获得的杂多表象相互联结的能力，因为这种能力，对象"是什么"的认识才能够在意识中得以生成。尤其是，在这种综合中，时间和空间中所未见的部分被想象力补足，这和第二位、指示性的特征是非常相符的。康德在论及这种能力时写道："但假如我总是把先行的那个表象（直线的前一部分，时间的先前部分，或是相继表现出来的那些单位）从思想中丢失了，并且我在进而继起的表象时没有把先行的表象再生出来，那就永远不会生产出一个完整的表象。"[①]举例而言，当一把椅子的观相出现在我的视阈中，它的正面形象之相关属性（棕色、长方形、有腿）被我所获得的同时，我的意识中必然会浮现它的立体形象（包括它的背面，被遮蔽的部分），以及它和我的空间距离。能够产生这样的想象，主要是意识范畴中的第二位在起作用，而这种空间性、对对象的"指出性"，正是前文所论及的指示性的重要特征。

而"概念中认定的综合"，按康德所说，就是把所有表象都结合起来，最终呈现为一个表象的能力，它是关于某一个对象的"意识统一性的某种先验基础"[②]，是最终将获得了以第一位为基础的第一性（像似性）和以第二位为基础的第二性（指示性）整合为一个对象的先验综合，即第三位中所说的"综合的意识"和"对时间的联结"。唯有在此基础之上，对象才能够从杂多的表象浮现出来，并补足被遮蔽的部分，完整地在意识中被呈现出来。

上述三种综合能力是相互联结、不可分割的，第一、二、三位亦是如此。就如皮尔斯所指出的，尽管第一、二、三位在被反思时可以相互区别，它们的不同是可见的，"其中一个观念可能在某个完全不包含另一个观念的意向中呈现

---

① 康德著，邓晓芒译：《康德三大批判合集》（上），北京：人民出版社，2015年，第103页。

② 康德著，邓晓芒译：《康德三大批判合集》（上），北京：人民出版社，2015年，第105页。

• • •　• • •

给意识"①，但在先验意识的活动中，尤其是在想象中，它们却是浑成的、彼此不可分割的，"范畴不可能在想象中彼此分离，也不可能与其他观念相分离。第一位范畴可以与第二位范畴、第三位范畴相割离；第二位范畴可以与第三位范畴相割离；但第二位范畴却不能与第一位范畴相割离，第三位范畴也不可能与第二位范畴相割离。我相信，这些范畴可与任何一个别的概念割离开来，但却不能与某一个成分（事实上是许多成分）相割离。除非第一位是某种确切的东西，或者某种多少被确切地设想过的东西，否则你不可能设想一个第一位"②。本书要指出的是，由第一、二位和第三位的先验部分所构成的先验意识不仅是浑成的、整体格式塔的，并且，由于先验想象起着呈现物之整体观相中不可或缺的作用，我们可以说，先验意识的最主要范畴是第二位，与之相应的是，先验意识的框架必然是指示性的。

先验意识之框架的指示性，是基于想象在先验意识中的重要作用——没有想象，共现就无从形成，物就不可能在主体的意识中呈现为一个整体对象。康德认为，想象力是知觉之必需，它是印象之感受性能够被组合而成形象的基础。的确如此，如果没有想象力来进行联结和补足，尤其是对邻近性的、关系性的因素进行排列和组合，先验意识就无法形成对对象的整体感知，符号现象也就无从形成。因此，可以说，在符号现象过程中，由第一、二位和第三位中的先验部分构成的先验意识，是以指示性为主导，整体地、浑成地进行着对对象的知觉活动的。就如索内松指出的，符号主体对符号的认知中，指示性能够以"引导性"（directness）或"主干式"（thematization）的方式起作用，来呈现出完整的对象。③赵毅衡认为，统觉—共现是指示性本质的④，正是因为先验意识的这种指示性框架起作用。然而，在实际的符号现象过程中，指示性是否能够先于像似性被获得，是另一个问题，两者不可混淆。从生物的符号现象活动出发，可以将这个问题讨论得更为清楚。

---

① 皮尔斯著，赵星植译：《皮尔斯：论符号》，成都：四川大学出版社，2014年，第29页。

② 皮尔斯著，赵星植译：《皮尔斯：论符号》，成都：四川大学出版社，2014年，第30页。

③ SONESSON G. Pictorial concepts：inquiries into the semiotic heritage and its relevance for the analysis of the visual world. Lund：Lund University Press，1989：5.

④ 赵毅衡：《论共现，以及意义的"最低形式完整要求"》，《社会科学家》2016年第3期，第14–20页。

## 五、符号现象过程中作为第二性的指示性

早在 20 世纪初，生物符号学的奠基人尤克斯库尔就提出著名的主体世界理论，来讨论生命体的符号意义世界，以及符号在主体视阈中的形成。该理论认为，生命体要辨认出外部环境中的对象，首先要经过信号感受器（rezeptor merkmalträger）的符码转换，也就是将对象转化为生命体的内部世界（innerwelt）可以辨认的信息符号。这个符号进入了生命体的感知世界，由它的感知器官（merkorgan）所感知，并且传达给了行为器官（wirkorgan），进入了行为世界。在行为世界中，这一对象的符号由行为效应器（wirkmalträger effektor）进行了第二次符码转换，从而对对象实施行为。第一次的符号解释行为是辨认性的，感知器官由此做出了判断，并将这条信息（如异常的超声波）传达给了行为器官。行为器官立即启动行为效应器，对这一符号信息进行翻译（这种超声波意味着天敌——比如蝙蝠——的出现，必须马上逃跑），这是第二次的符号解释行为，它是驱动式的。当生命体完成这一意义的解释和行为之后，它逃离了危险，并且完成了对象意义的第一次累积，这个完整的功能圈循环得以建立。从此之后，这种意义传递可以在它的功能圈中进行不断地重复和加深，而蝙蝠这一对象变得可以辨认，成了它的环境界，也就是意义世界的一部分。正因为这种预设的有机体设计，也就是不同物种的感知器官和行为器官的特定性，尤克斯库尔指出，生命体的环境界是各不相同的，它们就好像是由各种无形的关系所组成的透明的罩子，决定并且构成了经验对象。

在这个符号活动过程中，生命体对对象相关特征的感知被尤克斯库尔称作感知符号（merkmal），把行为效应器发出的、驱动生命体做出反应的符号称作效应符号或行为符号（wirkmal）；这两个词的词根 -mal 在德文里表示某种标记的行为或结果，而 merk- 来自于德文 merken，它的意义是"注意"；而爱沙尼亚语的 märk 源自于古老的日耳曼语，其意义是"符号"。因此，merkmal 一词的含义是"被注意到或感知到的符号"。而 wirk- 则源自于德文单词 wirken，其意义是"对某物产生影响或效果"；因此，wirkmal 被理解为"效应符号"或者是"行为符号"。[①] 由

---

① JAMSA T. Jakob von Uexkull's theory of sign and meaning from a philosophical, semiotic, and linguistic point of view. Semiotica, 2001, 134（1/4）：490.

于感知符号是感知或注意到对象的相关特性，也就是对象在生命体自身的意义图示中的对应性，它就是皮尔斯所说的像似符；效应符号是行为驱动式的，而动物作为生命主体的行为驱动是空间性、方向性的，这也就意味着，它是皮尔斯所说的指示符。在这个过程中，两个符号形成的先后顺序是十分清楚的。

　　由于指示性也可以是一种空间性的背景，是将对象浮凸出来的整全框架，因此，上述例子尚不足以说明指示性作为第二性的地位。在生命主体判定对象的所属范畴之前，它们必须获得对象的整体观相，这就必须依靠生命体的想象力。然而，想象力不可能在主体获取对象之相关表象之前，也就是对象的相关品质被获得之前就得以展开，在先验的认知中，能够将表象与被遮蔽部分之间的关系补全并显现出来的步骤，必然是在表象被获得之后，或者是在表象被获得的同时进行的。如果将表象视为某物（something），那么，对其想象性补全，即"共现"，就是认知到其他部分与表象之间的关系，这明显是第二性的范畴。索内松曾用图1-1来表示第一、二、三性的关系，该图相当清晰地展示了指示性作为第二性的地位[①]：

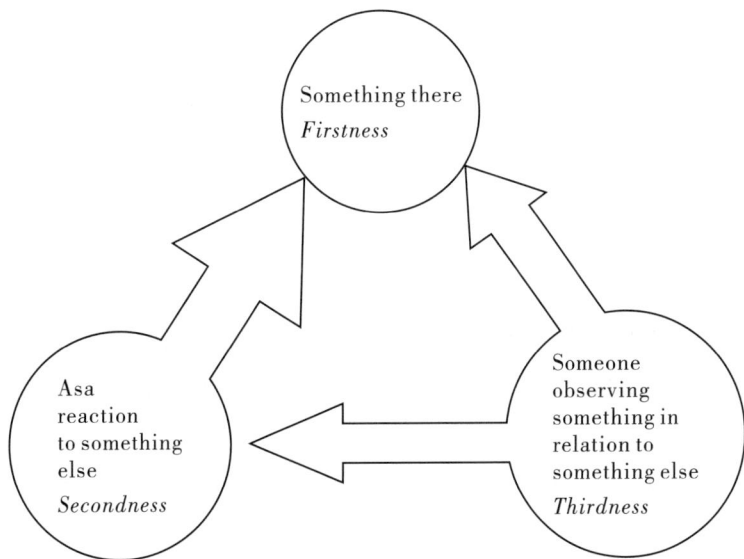

图1-1　索内松的符号第一、二、三性关系图（2015）

---

　　① SONESSON G. Bats out of the beltry：the nature of metaphor，with special attention to pictorial metaphors，《符号与传媒》2015年第2期，第79页。

梅洛－庞蒂（Maurice Merleau-Ponty）在论及动物对符号对象的感知时，有一段颇为有趣的描述："当我们说一个动物存在，说它有一个世界，或者说它属于一个世界，并不是意味着动物有关于世界的知觉或客观意识。引发本能活动的情境并不是完全清楚和确定的，正如本能的偏差和盲目性所充分证明的，情境的完整意义没有被把握。情境仅提供一种实际意义，只导致一种有形体的认识，被体验为一种'开放'的情境，并引起动物的运动，就像旋律的开头音符引起不和谐音的某种解决方式，如果解决方式还没有为本身所知的话。"①

动物作为符号活动的主体，它的先验意识是指示性框架的，由第一、二位和第三位中的先验部分构成。在心物相遇之前，动物尚未"拥有这个世界的对象性的知觉或意识"，第一性（像似性）和第二性（指示性）尚未被获得。符号活动必然是关系性的，在动物所处的外在环境和动物发生关联之前"引发本能活动的情境并非完全清楚和确定"，它是一个混沌的、流动的所在。而当对象的相关属性被呈现出来，对象的无数可能观相被确立为一种，第一性（像似性）已然被获得。同时，动物必然会获得自身与这个对象之间的空间距离感，这是对对象之"象"的整体性获得——它是在以指示性为主导的先验意识框架中进行的，并由此"强横性地"引起了动物相应运动神经的紧张或是被"激活"："它引发动物的运动，就像旋律的最初几个音符在召唤解决方案，尽管动物自己并不知道这个解决方案。"而对对象的身体反应，显然是空间的、方向的、指示性的，它后于第一性（像似性）而被获得，因此是第二性的，是后在而非先在的。对此，斯坦菲尔德（Frederik Stjernfelt）评论说，梅洛－庞蒂和莱考夫（George Lackoff）对身体认知的符号现象关注，是以指示性为主导的，但是，它建立在西比奥克所论证的基本生命符号活动这一"像似性门槛"（iconic threshold）之上，是符号学研究的更高层次。② 指示性作为符号现象活动中第二性的地位，是十分清楚的。

作为指示符形成的基础，指示性的基本特征是因果性、空间性、关系性，在由第一、二位和第三位中的先验部分共同构成的先验意识框架中，它起着主导作用，在符号现象过程中亦是如此。然而，在实际的符号过程中，指示性的

---

① 莫里斯·梅洛－庞蒂著，姜志辉译：《知觉现象学》，北京：商务印书馆，2001年，第112页。

② STJERNFELT F. Sebeotics at the threshold: reflections around a Brief Sebeok introduction. Semiotica, 2003（1）: 489.

获得必然以像似性为基础，因此，指示性对应的是第二性，而非第一性。从生物和人类生命符号的发生史而言是如此，从语言的序列而言亦如此：由于动物和人类认知世界的活动是以指示性为主导，语言作为对世界的映现（mapping），自然也是以指示性为主导，但这并不能说明人类的基本认知活动是以指示性为起点——起点与导向，是两个不同的概念，必须加以清楚区分，才能进一步厘清符号现象学的基本问题。

## 第二节　指示性范畴论

符号学的奠基人皮尔斯（C. S. Peirce）在开创符号三分体系时，将符号的种类分为三种：像似符、指示符和规约符。当代符号学研究普遍认为，这三种符号形成的基础，分别是像似性、指示性和规约性，而指示性是符号过程的第二步，即在符号判断中才能获得的性质。然而，此种观点也引发不少论争。索内松曾从认知的角度讨论符号现象在主体意识中的呈现，他认为，皮尔斯所说的"基础"（ground），也就是对符号对象的感知中已经有指示性存在，索内松将其称为"指示性基础"。[①] 对此持类似看法的有赵毅衡，他认为，统觉的压力是对物的感知转向共现的动力，而共现有四种形式：整体共现、流程共现、认知共现和类型共现。这四种共现的基础都是指示性，而符号感知中已经有指示性出现。[②] 在此基础上，赵毅衡进一步提出，指示性是第一性，而指示符是原始的、植物的符号反应，"绕过了解释，与信号相近，落在符号意义活动的门槛上"[③]。

前文已经说过，以库尔的"符号阈限论"（semiotic threshold zone）为基础论证指示性属于第二性的范畴。"符号阈限"（semiotic threshold）是艾柯（Umberto Eco）在 1976 年提出的概念，用以描述"区分符号世界和非符号世界

---

① SONESSON G. The phenomebological semiotics of iconicity and picotriality—including some replies to my critics. Language and semiotic studies, 2016（2）.

② 赵毅衡：《论共现，以及意义的"最低形式完整要求"》，《社会科学家》2016 年第 3 期。

③ 赵毅衡：《指示性是符号的第一性》，《上海大学学报》2017 年第 6 期，第 103 页。

的边界或门槛"①。其后，库尔指出，根据不同符号主体的符号活动能力，可以将符号活动分为三级阈限：第一，植物性、像似性的阈限。作为较为初级的生物和符号活动主体，植物能够对相关的符号对象进行感知和辨认，库尔将这种能力称为"纯粹的辨认"（pure recognition），植物会根据这种感知到的、辨认出的符号进行生物化学反应。第二，动物性、指示性的阈限。动物具有记忆、关联和分类的能力，即"关联性的学习"（associative learning）能力，它要让动物可以对环境空间、对环境中对象的类别进行辨认和映现（mapping），判断对象的空间位置和类别。第三，人类的、文化的、规约性的阈限。② 在库尔的论述之上，笔者提出，指示性是第二性，而从生物符号学而言，动物以上，包括人类的先验意识是以指示性为框架和主导的。③

　　这一讨论从生物的符号活动出发，探讨的是符号学理论架构中至今没有完全厘清的根本问题，然而，从人文学科的立场而言，我们不得不追问，除了证明符号活动的连续性、证明指示性是贯通了动物和人类符号活动的所在，对于生物符号活动之指示性的讨论，之于人类意义世界的意义何在？ 就如科布利（Paul Cobley）在《生物符号学的文化蕴涵》（Cultural Implications of Biosemiotics）一书中指出的那样，从生物符号学出发的研究揭示的"正是人类栖居于意义世界的独特方式，由非言说和依靠语言现象建立的言说模式共构的特有模塑，使得人类如此不同"④。如果说指示性是动物性的符号阈值之"最低基础"，那么，它本身是否具有渐进性，在人类意义世界的形式和作用有何不同？ 本节试图以生物符号学为起点，去探讨指示性在人类符号活动中的范畴和分级问题。

## 一、指示性的特征及两大范畴

　　指示性在语言学中已经得到了相当程度的讨论，其定义相当清晰。例如，葛文（Lisa M. Given）就认为，"指示性就是语言直接指向对象而非指涉对象

---

① ECO U. A theory of semiotics. Bloominton：Indiana University Press，1976：5.

② KULL K. Vegetative，animal，and cultural semiosis. Cognitive semiotics，2009（4）.

③ 彭佳、刘玲：《论先验意识的指示性框架及作为第二性的指示性：兼与赵毅衡商榷》，《上海大学学报》2017 年第 6 期。

④ COBLEY P. Cultural Implications of Biosemitics. Dordrecht：Springer，2016：125－126.

的能力"①。也就是说，指示性在于语言符号与对象之间的透明性，像"你""这里"这样的人称和关系代词，是语言符号之指示性的最佳例证。然而，在符号学中，指示性的定义并不明晰，常常需要从符号学家对"指示符"的分析中推导出来。皮尔斯自己对指示符的定义如下："指示符是这样一种符号或再现，它能够指称它的对象，主要不是因为与其像似或类似，也不是因为它与那个对象偶然拥有的某种一般性特征有联系，而是因为，一方面，它与个别的对象存在着一种动力学（包括空间的）联系；另一方面，它与那些把它当作符号的人的感觉或记忆有联系。"②在此基础上，科拉彼得罗（Vincent Colapietro）对指示符的讨论较为清楚地说明了指示符的空间关系，及其与对象之间的动力关系。他写道，"事物（物和事件）主要是通过指示符的闯入式主张（intrusive insistence）之特征来获取我们的注意的"③。科拉彼得罗举出的例子包括房间外的意外巨响、不请自来的敲门声等从背景中突然凸显出来的、夺取人的注意的现象：在这里，可以看到，指示性是在对象直接进入人的感知并引起相关的身体反应（朝外看或是转向门的方向）之过程中所获得的性质。指示符进入人的感知，是为了引起人的注意并激起相关的身体反应，很显然，它是"动力性"的，驱动符号主体的动觉行为的。

著名符号学家西比奥克指出，指示性的基本特征是连续性（continuity），包括"时间上的接续""因果或果因关系"，以及"空间/时间的联结"（space/time vinculum）。由此，他论证说，动物的符号活动是指示性的，它们与时空关系和因果效应紧密相关。④ 在德尔文（René Dirven）等人对指示符的讨论中，指示性所具有的、通过凸显而引起人对对象的注意的、并引起对方身体反应的性质表现得更明显。他们也认为，指示符的基本特征在于符号形式与意义之间的"连续性"，这种连续性使得指示符成为皮尔斯提出的三种符号中抽象性最低的符号：它们是最"原始"（the most primitive）的和"有限"（limited）的，是动物的符号交流中的主导，也是它们的交流之局限所在。在这里，指示符与

---

① GIVEN L M eds. The sage encyclopedia of qualitative research method：A－L，Vol.1. Los Angeles：Sage，2008：245.

② 皮尔斯著，赵星植译：《皮尔斯：论符号》，成都：四川大学出版社，2014年，第56页。

③ COLAPIETRO V. The ineffable，the individual，and the intelligible：peircean reflections on the innate ingeuity of the human animal//ROMANINI V & FERNANDEZ E. Peirce and biosemiotics：a guess at the riddle of life. Heidelberg：Springer，2014：146.

④ SEBEOK T A. Indexcality. The American journal of semiotics，1990（4）.

身体之方向反应的关联再次被突显出来。① 由此可见，符号主体的身体在指示性的产生过程中，有着明显地卷入——在生物符号过程中尤其如此。

指示性除了与身体、空间紧密相关之外，还具有"类别"的特征：由于指向具有明确秩序，它往往是范畴化、类别化的。指示符所指向的，可以不仅是对象，还有对象所属的群体和类型，这是指示性成为意识形态批评之重要议题的原因。对动物的符号活动而言，这种类别意味着较为固定的反应：天敌意味着躲避；食物和配偶意味着寻求。自然界中的对象被"符号化"之后形成的"类别化"的空间方向反应，与作为符号主体的生命体本身的存亡休戚相关。这正印证了迪利（John Deely）的看法：指示符强调的是物与物之间的关系，它指向作为符号对象的物本身，而非其他符号或意义。

然而，动物的指示符虽然能够形成类别，较之于人类依靠自身语言能力来建立的指示符，却缺失了能够进行自我意义导入的符形维度——正是这一维度确立了人与其他生物的分别。前文已经提到，语言学中讨论了用透明关系来指向对象的指示性，这种"透明关系"，属于任意武断的语言关系之范畴。正是因其"透明"，它的意义就需要依靠语境来输入。克劳斯（Rosalind Krauss）就曾指出，像"你""我""这里""那里"这样的代词，它本身没有确定的意思，其作用是索引式地从一个对象转到另一个对象。她认为这些指示符是"转换词"（shifter），本身的意义和指向的对象是阙如（empty）的。② 皮尔斯对此表达过相似的看法：他认为"这""那"等指示代词和关系代词与对象之间的关系是实在的，但也是依靠句法来实现的（即具有指称功能）；而语言学家所说的"不定指代"（indefinite designation），如"任一个""每一个"这样的"全称选择词"和"某个""另一个"这样的"特定选择词"，以及介词、介词短语，与对象之间的关系是纯指称性的，这种指示符可以被称为"退化的指示符"③。

在《符号学基础》一书中，迪利曾用一个清晰的公式来描述皮尔斯的符号三元式，而这两种不同的指示关系在其间得到了鲜明的展示。他写道："符号是任何一个被 B 所规定的 A，A 在规定着 C 的同时使得 C 间接地被 B 所规定。……因此，

① DIRVEN R & VERSPOOR M. Cognitive exploration of language and semiotics. Amsterdam：John Benjamins Publishing House，2004：3 - 4.

② KRAUSS R. Notes on the index：seventies art in America. Octorber，1977（3）：68 - 81.

③ GIVEN L M eds. The sage encyclopedia of qualitative research method：A - L，Vol. 1. Los Angeles：Sage，2008：57 - 60.

C 在被 A 直接规定的同时，也被 B 以媒介的方式所规定。"① 其中，A 是符号（再现体），B 是对象，而 C 是解释项，三者的关系如图 1 - 2 所示：

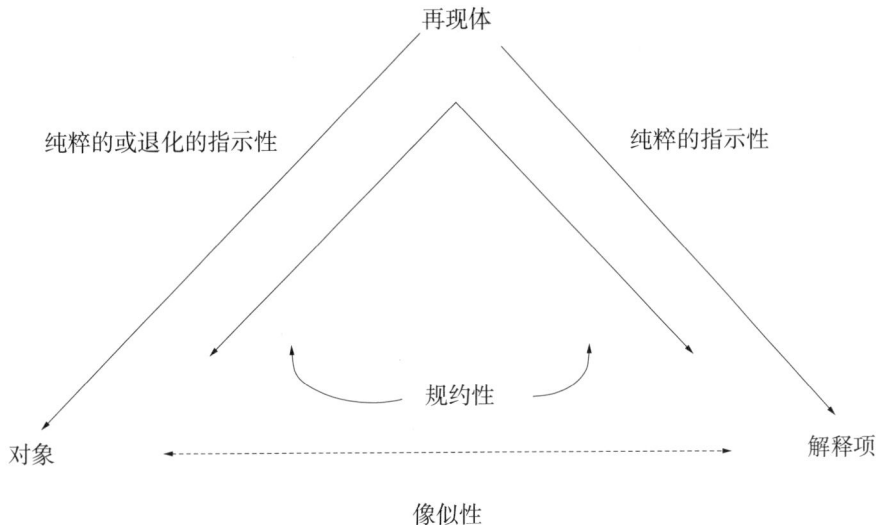

再现体

纯粹的或退化的指示性　　　　　　　纯粹的指示性

规约性

对象　　　　　　　　　　　　　　　　解释项

像似性

**图 1 - 2　符号三分法关系图（根据迪利《符号学基础》图表 5 改编）**

如迪利的论述所揭示出的，像似性、指示性和规约性之间，是相互缠绕的关系：在同一个符号中，往往同时包含这三种关系。然而，在指示性的符号关系中，再现体和解释项之间的指示性必须是实在的（如听到敲门声去应门、认出"这"或"那"指的是具体的哪个人或物）；而再现体和对象之间的指示性则可以是实在的，是具身感知中空间性、方向性的，即纯粹的指示性，或者指涉的、依靠语境来输入意义的，即退化的指示性。后一种指示性，即用同一符号在符形结构中自由地替换指涉意义的能力，就是西比奥克所说的语言能力：在原始人类用堆叠小石块的不同方法进行表意时，就已经存在。它涉及的是人类之于其他具有符号活动的生命体最为根本的区别，即对自身使用符号的行为之意识，对符号在整个符号表意结构中的替换和再组合可能的意识，是迪利所说的"智能的知觉"②，是彼得里利（Susan Petrilli）所说的"反思符号"和

① 约翰·迪利著，张祖建译：《符号学基础》（第六版），北京：中国人民大学出版社，2012 年，第 116 页。

② 约翰·迪利著，张祖建译：《符号学基础》（第六版），北京：中国人民大学出版社，2012 年，第 116 页。

"解释自我"的能力①，也是赵毅衡所说的"元符号能力"②，简言之，是超属地附着于和动物共有的符号能力之上的、对符号和符号行为自反地进行认知的能力。指示性的两大范畴亦是如此：在和动物符号活动共同的"实在指示性"之上，人类有着超属地附着于这一基础指示性之上的、靠语言能力建立起来的"退化指示性"，必须将其分开讨论。下文将这两种不同的指示性，分别作为具身符号感知和文化艺术经验中的现象呈现，来各自进行探讨。

## 二、具身符号感知中的指示性

在符号主体对对象进行感知时，首先获取的是对象的相关属性——尽管我们对对象的视觉感知是不完全的，它却总能以最低限度的整全形式呈现在我们的意识中，这个问题在西方学界引起了长期的讨论。张汉良在对生物符号学进行诗学建构时，把这一议题推溯至亚里士多德的"灵魂论"。他指出，对象之于主体的呈现，有赖于主体"灵魂"之想象力，而"灵魂"是与动物的机体运动紧密关联的："第一，动物皆有灵魂，灵魂是与身体互动的，'一切感觉都有赖灵魂对身体的启动：愤怒、温顺、恐惧［Φόβoς（phobos）］、怜悯［έλεoς（eleos）］、勇气'……第二，根据第一点，动物总类诚然具有共同特质，否则灵魂说无法成立，但其各分类亦各有特质。感觉、饮食、生殖等'大欲'，凡动物皆有，想象（按：'想象'或更准确地说，'显象'）［φαντασία（phantasia）= imagination，详见下文］则可能属于人和某些动物共有，而思维能力则可能为人所独有。……显象和感觉或语言的思考又都不同，虽然显象伴随感觉出现，判断也往往依据显象。"③

这段论述在现象学的视域中提出了两个重要的生物符号学观点：第一，动物对符号的感知和类别化反应，是身体机动性的。类别化的反应必然伴随着范畴判断，从感知到反应，其间连接着的范畴判断，必然是和身体相关的。第二，此处所论的想象（即张汉良所说的"显象"），类似于现象学所说的"先验想

① 苏珊·彼得里利、奥古斯托·蓬齐奥著，王永祥、彭佳、余红兵译：《打开边界的符号学：穿越符号开放网络的解释路径》，南京：译林出版社，2015年，第164页。
② 赵毅衡：《哲学符号学：意义世界的形成》，成都：四川大学出版社，2017年，第270页。
③ 张汉良：《符号与记忆：从亚里斯多德的灵魂论谈起》，张汉良主编：《符号与记忆：海峡两岸的文本实践》，台北：行人文化实验室，2015年，第23-24页。

象/直觉想象"，它是空间性共现之必需，不仅是"人的意识的特征，是不由人控制的自我澄明的本质能力"[①]，也是动物和人所共有的能力，尽管动物的"先验想象"具有相当的局限性。此种空间性先验想象是伴随感觉出现的，又是进一步的类别判断之依据。换言之，它的一端连接着身体的感知，另一端连接着意识；从符号意义过程而言，它帮助符号主体将获得的对象之属性转化为对一个整体对象的呈现，从而连接产生意识的类别判断。

这种将片段化的感知转化为整体对象的过程，被符号现象学称为"形式还原"，它是意识具有的先验能力。因此，在对象的整体形象呈现出来的过程中，意识和身体的感知就已经是共同作用的。这种看法在梅洛－庞蒂的知觉现象学中，却受到了强烈反对。梅洛－庞蒂认为，知觉是先于意识产生的，知觉的对象所拥有的属性，譬如，抚摸布料时触感给主体带来的感觉，并没有经历意识的反思而产生，这种知觉呈现出来的感受才是最朴素、原始的对世界的呈现，它本身就已经足够饱满，不受意识对对象的描述性和规定性所限。他承认身体的知觉有着先验性的、圆融的结构，它所带给符号主体的感觉是先天决定的。这种知觉的体验有一种绽出（extase）机制，能够把这种单独的感觉放在"理性的综合"中进行调整，从而"使得一切知觉都是关于某物的知觉"[①]。梅洛－庞蒂认为意识的这种整合作用是后天的、非先验的知识，它遮蔽了物的本来状态，"它最终使我们断开了与知觉体验的联系，虽然它本身是知觉体验的结果和自然延伸"[②]。在他看来，物体在空间中的这种整体呈现是后天的空间观念所给予的，因为"在原始人那里，有时，被感知物体像是黏贴在背景上的，有时，在他面前呈现的实际未确定物不能使空间的、时间的和数学的整体以可操作的、清楚的和可辨认的方式连接在一起"[③]。由此，他强调了身体和世界的共构性，并试图建立以身体的知觉来呈现出的生活世界。

然而，仅仅因为原始人的空间感不如现代人，就能够否认符号主体的意识所具有的先验空间形式吗？从生物符号学的基础、主体世界学说出发，就可以看到这一论点的不足之处。尤克斯库尔在描述虱子建构的主体世界时指出，虱

---

① 莫里斯·梅洛－庞蒂著，姜志辉译：《知觉现象学》，北京：商务印书馆，2001年，第103页。

② 莫里斯·梅洛－庞蒂著，姜志辉译：《知觉现象学》，北京：商务印书馆，2001年，第104页。

③ 莫里斯·梅洛－庞蒂著，姜志辉译：《知觉现象学》，北京：商务印书馆，2001年，第33－34页。

子可以在树上等待很长时间，直到有哺乳动物进入它所生活的环境。尽管虱子没有听觉器官，视觉和嗅觉也极其有限，却能极其敏锐地探测到哺乳动物汗液中的酸性物质，并将此作为食物对象的符号，传达给自己的行为器官。由此，虱子开启了自己的觅食行为：它跳到哺乳动物身上，靠着对体表温度的感知钻入动物的皮毛进行叮咬，直到获取的食物足够支持其进行繁殖行为。虱子和它所叮咬的哺乳动物，显然是共享了同一个环境；但较之于后者，虱子所拥有的符号意义世界显然是由非常有限的味道、温度和光线所构成的。在这个符号意义世界里，并没有视觉性的空间性共现，但虱子根据嗅觉感受，能够判断出自己和对象之间的空间距离和对象的空间方向，同时，这种感受能够从身体传递给其意识，并判定这种酸性物质是食物的类别，同时开启身体的空间反应，向哺乳动物的方向跳跃。这种空间的强指示性，在动物的活动中表现得非常清楚：身体调节着动物感官对对象的感知和意识对对象的判断，并做出相应的反应。尽管动物的主体世界可以是实践的、经验的，但其时空感和范畴判断却是由先验的结构所预设的，尤克斯库尔将其称为"生命体的计划"。

梅洛－庞蒂在探讨对象之完整呈现中的空间性时，将其归结于"整体知觉"的作用："如果没有整体知觉，我们不会想到要注意整体的各个部分的相似性和邻近性……物体的统一性是建立在即将来临的事件的预感之上的，这种预感将直接回答仅潜在于景象中的问题，物体的统一性解决只是以含糊期待的形式提出的问题，把直到那时为止还不属于同一个世界，正如康德深刻指出的，因而还不可能联系在一起的成分组织起来。"[①] 这种对对象的部分邻近性的空间感受，以及将潜在于景象中的部分，即空间共现中靠先验想象而显现出的部分，不管是像梅洛－庞蒂所说的，依靠的是"整体知觉"，还是意识，都是存在于我们的先验结构中的指示能力，这一点是至关重要的。

回到共现的问题上：如果说指示性是空间性、方向性的，那么，在我们对对象之完整性的获得中，它就已经初步出现了。当一把椅子的观相出现在主体的视阈中，它的正面形象之相关属性（棕色、长方形、有腿）被主体所获得的同时，主体的意识中必然会浮现它的立体形象，以及它和自身的空间距离。这种形式还原是在主体的身体协调和联结下获得的，源自主体的感官和意识被先

---

① 莫里斯·梅洛－庞蒂著，姜志辉译：《知觉现象学》，北京：商务印书馆，2001年，第39－40页。

天赋予了的能力。这个过程中，存在着先验的、浑成的身体感知结构，但却不能因此排除意识的存在——突显知觉符号现象中的身体维度固然至关重要，但走向只强调身体意向性的极端也是不可取的：失去意识的身体之感知，是神经生物学中悬而未决之议题，很难靠现象学来解决；而我们的感知要有"形式还原"，要在意识中成为整全对象，这说明了知觉是不能仅靠身体的感官就单独完成的。如梅洛－庞蒂所说，对物的抽象化和描述，也就是理性对物的经验认知，的确是可以被悬置、被延迟的，就如我们对艺术物的创造是可以尽力减少象征意义的建构而突出其"物性"那样。但是，这并不意味着物象的呈现、对物的感知可以离开意识：正如胡塞尔所说，"侧显"不能完全地呈现对象，"每个'真正实在'的对象都必然地（以无条件的本质普遍性的先验方式）对应一个可能的意识观念；在此意识中，对象本身能够本原地被获得，从而可以以完全相合的方式被获得"①。在它的呈现中，总有着有待意识去填充的空间，这就必须依靠康德提出的、先验性的意识观念来赋予被感知的对象以相合性，使其被还原为整全的对象。

　　任何对象的呈现必然是侧显的，这与符号学所认为的，符号过程的第一步仅仅是获得对象的"相关品质"，也就是获取其片段的第一性（像似性），是非常吻合的。此时，对象尚未成为整全的物，它的共现并没有完成。这说明，仅仅依靠身体的感官感知，而没有意识的先验想象能力，判断是无法产生的——不管是对物的整全性的感知，还是对它的类别判断或实践预判，都无法产生。反过来，意识也是依靠身体所承载的，它与感知的关联是经由身体完成的，就如扎哈维（Dan Zahavi）指出的，"身体的特征是作为零点在每个知觉经验里都在场，作为每一个对象都朝向的索引性（indexical）的'这里'"②。这里所说的"索引性"就是指示性，不过译法不同——身体通过感知将对象引向主体，引向主体的意识，从而使得对象能够呈现在符号主体的意识之中。在扎哈维专论胡塞尔现象学之身体观的论文中，他如是说："每一个空间倾向和对空间中对象的每一个经验指的都是和我们的具身相关的、指示性的'这里'。因此，胡塞尔声称，身体是其他对象

---

　　①　HUSSERL E. Ideas pertaining to a pure phenomenology and to phenomenological philosophy. KERSTEN F trans. The Hague：Martinus Nijhoff Publishers，1982：341.

　　②　扎哈维著，李忠伟译：《胡塞尔现象学》，上海：上海译文出版社，2007 年，第 104 页。

的可能条件，每一个在世的经验都是因着我们的具身而被调节，成为可能。"① 可以说，在由形式直观和形式还原所共同构成的符号感知中，动物和人作为符号主体是具身感知的，这种身心合一的感知过程本身就具有空间的指示性。

## 三、文化艺术中的指示性

前文已经指出：生物符号活动的指示性是以动物活动为阈值下限的；身体、空间与指示性密不可分，在以人为主体的、生理性的指示符号活动中亦是如此。然而，与动物完全不同的是，人作为具有元符号能力的主体，对于指示性在整个符号体系中如何建立自我与世界的"锚定"，有着明确的意识，并能够对依靠任意武断性建立起来的指示符进行替换、翻译和解释。赵毅衡曾指出，"我"作为言说者，能够建立以自我为主体的意义世界，是因为我们依靠语言建立的指示性是一种对自我和世界进行认知的基本方式。② 无怪乎罗素将语言的指示词称为"自我中心的分列项"（ego-centric particulars）③：人们依靠语言指示符建立对自我与他人的区分，以及对世界之秩序性的确立。

在依靠语言指示符建立的整个秩序中，人作为符号主体，能够明确地意识到符号系统之指示链条的破损或缺失，这是人超越于其他任何符号动物之处，是发展到最高级的指示性的特别之处。语言指示符的相对性，如"我/你""这/那""此处/彼处"，以及系统性，如"任何/全部/无一"这样的整体指代框架，是完整的表意系统之主干和基础。这种指示性从语言延伸至文化艺术中，尤其在现代文化艺术中，表现相当鲜明。

在这里，笔者将再次提到克劳斯对"空指示符"（empty indexical sign）的讨论。在语言中，如果缺少指示词，语句的意义是无法清楚指向其再现之现实的。例如，在"这张桌子很结实"这个句子中，缺少了指示词"这张"，则语句的意义就无法实现；而与之相对的是，其他桌子可能并没有那么结实，这一语境信息作为语句中隐而不显的意义要素，也难以被传达出来。因此，马丁·列斐

---

① ZAHAVI D. Husserl's phenomenology of the boday. Études phénoménologiques, 1994
（10）：66.

② 赵毅衡：《哲学符号学：意义世界的形成》，成都：四川大学出版社，2017年，第106页。

③ KOEHLER C J. Studies in Bertrand Russell's theory of knowledge. Revue internationalede philosophie, 1972, 26（102）：461.

伏尔（Martin Lefebvre）才说："没有指示符，我们的再现就只能模糊地、没有区分性地、泛泛地去指代对象，无法与世界之间建立锚定。……是指示符使得命题有了意义，赋予了后者指涉世界的能力。"[1] 指示符在指出再现与认知中与现实"锚定"之处时，也就确定并显现出了整个潜在的语境和框架，这是指示符能够引导人们索引式地寻找整个语义框架体系的机制所在。指示词对语境和框架潜在的揭示作用，被克劳斯用来描述"艺术如何终结"，她指出，日常生活中的物被任意地挑选出来，其内在机制类似于"转换词"的指示符，其意义的阙如依靠语境来填补输入。这种意义阙如的艺术品，是一种姿势、一种自我言说的"在此"，"将物从现实的连续性中物理地移置到艺术图像的既定条件中"[2]。被移置到这一语境中的物品转化成为艺术的指示符，它作为指代艺术世界链条中被展示的对象，指向的并非对象本身，而是指出了整个艺术语言系统的框架体系。如同"这""那""你""我"这样的指示词，作为艺术符号的日常物索引式地指向自身，以及和自身相对的、隐而不显的符号结构与要素。

不仅如此，在物转化为艺术品的过程中，由于对物的"破损性"（brokenness）[3] 的展示，物在日常生活中被遮蔽的原初状态得到了"绽出"。所谓"破损性"，就是将物从日常的使用和状态中脱离出来，进入和人互构的艺术关系之中。正是这个互构的过程促成了艺术的生成，就如罗姆巴赫（Heinrich Rombach）写的："并不是只将一种变化外加给结构状况，而是从整体根本的、无可比拟的变动性出发重新把我纳入整体。只有当一种完全确定的动态运行起来的时候，才形成一个'存在者'的结构处境。"[4] 正因为物是在与人的互动中被创造为艺术的，艺术创造的过程就成为一种表演、一种姿势，一种指示性特有的、"动力"（dynamic）的过程。

在艺术符号学家对"表演性"（performativity）与指示性之关联的探讨中，这一过程得到了深入的讨论。既然艺术品是一种表演和姿势，一种指向自我、

---

① LEFEBVRE M. The art of pointing：on peirce，indexicality，and photographic image. https：//www. academia. edu/192769/The _ Art _ of _ Pointing. _ On _ Peirce _ Indexicality _ and _ Photographic_ Images.

② KRAUSS R. Notes on the index：seventies art in america. October，1977（3）：78.

③ 物的"破损性"与当代艺术创作的关系，是任海教授于2018年12月1日在成都蓬皮杜双年展上举行的"作为宇宙技术的艺术智能"工作坊中提出的论题，特此说明。

④ 海因里希·罗姆巴赫著，王俊等译：《结构存在论：一门自由的现象学》，杭州：浙江大学出版社，2015年，第55页。

言说自我之"在此"形式的表达，那么，其指示性就可以表现为，它指向艺术创作的"踪迹"（trace）：后者是最为典型的指示符。这种自我"露迹"，与生物符号过程中的"踪迹"大不相同——它以对指示符号活动的认识为基础，是关于指示符之指示符，即元指示符（meta-index）。艾米莉亚·琼斯（Amelia Jones）就曾对波洛克"滴画"艺术的指示性进行过讨论，她认为，波洛克的创作是现代绘画艺术转向的一个标志：从对艺术之像似性的追求——不管在绘画的像似性中相似、逼真的成分和抽象、变形的成分发生了多少变化，像似性始终是绘画艺术主要的符号性——转向了对绘画姿势、对绘画创作这一行为本身的形式的表现，因为"绘画的姿势圈才是最重要的、对波洛克行动中的身体'故事'的讲述"①。对艺术创作姿势和形式的突出，就是一种"元指示符"，它利用对"踪迹"的暴露，来揭示艺术与生活的"区隔"所在、揭示艺术的"框架"之所在。

在当代影像艺术中，元指示符大量存在，艺术创作者们用它来完成对艺术之"框架"的指出作用：西方实验戏剧为了突出自己是"戏剧"而用灯光照射台下的观众，"滴画"和装置艺术暴露艺术创作的整个过程，电影中的拍摄花絮——诸如此类，都是以"表演性"来暴露"踪迹"，指向艺术本身的框架。指示性在这里成了一种身体的"趋向"（orientation），一种对"踪迹"的追踪和询问。表演者的身体，以"插入"场景、"插入"观众与作品之间沉浸关系的方式，打破了艺术旨在创立的幻象，打破它与真实、与生活相融合的幻象。这一指示符号活动，建立在人对指示性之自我意识上的、以身体为媒介的符号活动，是人类独有的身体指示性符号过程。

## 四、符号活动中的指示性三分法

指示性的符号活动，是以具身感知的动物符号活动为起点的。在这个过程中，由于动物和人的感官往往是多渠道的，对整体对象的呈现就必须通过身体之"联觉"来，而指示性对于整合这种"联觉"，起到了重要作用。尽管基于对现象身体之重要性的强调，梅洛-庞蒂否认意识是感官统一的本源，但他仍

---

① JONES A. Body art/performing the subject. Minneapolis：University of Minnesota Press，1998：84.

然认为，一种"意向弧"在"我们周围投射我们的过去，我们的将来，我们的人文环境，我们的物理情境，我们的意识形态情境，我们的精神情境，更确切地说，它使我们置身于所有这些关系之中。正是这种意向弧造成了感官的统一性，感官和智力的统一性，感受性与运动机能的统一性"①。这种"意向弧"是空间关系性的，也是指向身体运动的，同时，它还是身体的感官感受和能够进行抽象判断之理性相统一的基础，这种空间性、方向驱动性和从感知进入判断的特征，都是指示性所独有的。因此，从某种程度上而言，指示性不仅是共现的基础，还是联觉的基础，它是诸感知必须整合为对完整的、实际的对象，并由此指向该对象的压力所在，是通过协同而孕育在具身感知的主体之中的统一的意向性。就如皮尔斯所说的，指示符"能够真实地反映它的对象"②，这种真实性，并不是指逼真性或透明性，而是能够让主体越来越清楚地认识到对象是什么，并且把自身引向它的性质。唯有如此，感知到的符号才被赋予最低程度的完整性，才能将解释者引导向它所指示的对象经验。由此可见，在动物对对象的感知、判断和反应中，指示性是始终存在的。

这里所说到的，在符号感知中就已经具有的指示性，并非是对象的感官所感受到的、对象的相关属性——即使对象的视觉空间形式可以是一种单纯的品质，主体之于对象在视觉能触及的范围之外的想象和视觉的本身感知而建立起来的"最低完整形式"，也是基于指示性在起作用。这里的指示性是背景式的，它通过将人的注意引向对象中被遮蔽的部分，而突显出对象的"最低完整形式"本身。应当说，这是最低程度的指示性，笔者建议将其称为"指示性背景"（indexical background）。

在获得了符号感知之后，动物马上会进入对对象的范畴判断中，即判断对方是属于哪一个类别，是配偶、食物、天敌还是无关物，以此来决定自己的身体反应，是寻求、逃避还是忽略这一对象。这种判断是指示性的，它会驱动动物的运动神经和肌肉进行相关反应。这种指向对象所属类别的指示性，笔者建议称其为"指示性范畴"（indexical categorization）。"指示性范畴"在动物的符号活动中是非常具体的、和实际的反应联系在一起的，但是，在人类的语言文

---

① 莫里斯·梅洛-庞蒂著，姜志辉译：《知觉现象学》，北京：商务印书馆，2001年，第39-40页。

② 皮尔斯著，赵星植译：《皮尔斯：论符号》，成都：四川大学出版社，2014年，第57页。

化活动中，它可以是高度抽象的，如函数的象限性、按编号进行的排序、地理学的经纬划分等，它以鲜明的秩序性指出对象所属的范畴或语境（context）。能够表明书写者身份的字迹、可以表明动物种类的脚印等，也当列入此类，因为"身份"和"种类"，都属于记忆范畴。当代现成品艺术、"物"的艺术，之所以能够被视为艺术，依靠的也是"指示性范畴"：它指向的是艺术品所依靠的那一整套"艺术世界"制度，即它所从属的文化范畴。然而，与生理性的指示符号活动不同的是，这样的"指示性范畴"，建立在对整个制度和对自身在整个制度中可被替换性的认知，也就是符形能力之上，是对范畴和框架的整体指出。

在动物的指示符活动中，在判定对象所属范畴的同时，动物还要进行另一方面的判断：对对象运动速度的时间预判，这就是所谓的"流程共现"。生命体在不同情况下感知到的时间快慢各异，这也是由其先天的感知器官构造而决定的——这种主观的感知时间，保证了生命体可以对外界符号进行及时的解读和反应，从而完成预定的行为。它和空间的方向指示性一起，驱动身体对对象做出反应。换言之，对对象的范畴和空间形式，尤其是空间距离和方向的获得，会促使动物形成一个流程共现，此时，先天的认知范畴和后天积累的经验会共同作用于动物，帮助其判断出对象能够在何时运动于或处于空间的哪一个位置之上，从而有预期地进行方向和速度上的控制，这在较为高级的动物进行集体捕食时尤其明显。符号主体的这种时空感受驱动身体做出迅速反应，这就产生了第三种指示性——"指示性趋向"（indexical orientation），它是符号主体和对象发生的身体上的关联。不仅如此，这种"指示性趋向"在动物的活动中还开始显示出和规约性初步联结的倾向，因为在高等动物集体捕食的活动中，越是分工明确、富有经验的动物，越能精密、准确地预判过程中各个对象的时空位置，而驱动身体进行相关反应，获得更高的捕食率。这种高度的精准需要动物群体长期的互相磨合和社会地位的相互规约才能获得，这也再次证明了符号活动的连续性和渐进性。

在人类的指示符号过程中，也存在"指示性趋向"：当我们听到敲门声或看到烟火，最自然的反应就是应声而应或循迹望去。这是生理性的指示符号过程中普遍而基本的现象。而在元指示符中，这种"指示性趋向"也相当清晰：身体姿势作为指示符，指出了作为另一指示符的"踪迹"，即艺术创作的过程。同样的，这种更进一步发展的"指示性趋向"，也是建立在人对艺术创作这一整体符号过程和对指示符的认知之上的，建立在"元符号能力"之上，是智性的、更高级的指示性所在。

指示性可以分为指示性背景、指示性范畴和指示性趋向，这一三分法符合皮尔斯三分符号体系的基本原则，是一个可以继续探索的研究模式。本书将以表格形式（见表1-1），对指示性三分法做一个更清楚的区分：

**表1-1　指示性三分法**

| 指示性 | 符号过程 | 符号主体 | 指示性的基础 |
| --- | --- | --- | --- |
| 指示性背景 | 生理性的符号过程 | 动物和人 | "最低完整形式"之空间共现能力 |
| 指示性范畴 | 生理性的符号过程 | 动物和人 | 范畴框架 |
| | 文化艺术符号过程 | 人 | 范畴框架、对范畴框架的认知/智性知觉 |
| 指示性趋向 | 生理性的符号过程 | 动物和人 | 空间共现、流程共现 |
| | 文化艺术符号过程 | 人 | 元符号能力 |

指示性作为基础的符号性之一，存在于从动物到人类的普遍符号活动之中，这体现了符号连续论的基本观点。然而，塑造人类特有的意义世界，不仅仅是人类与其他生命体符号活动的共性，也是人类与其他生命体符号活动的差异。尽管本书的探索仅仅是一个尝试，希望能够从指示性开始，对人类符号活动与其他符号活动的异同加以辨析；但其关注的，却是当前符号学在"生物学转向"之后最为根本的问题，值得进一步研究和讨论。

第二章

# 文化“标出性”

……

# 第一节　标出性分层

自俄国语言学者特鲁别兹伊科在和雅各布森的讨论中提出清辅音和浊辅音在语言使用中的不对称性以来，语言的"标出性"引起了语言学范围内的广泛讨论。迄今为止，关于标出性原理的语言学论述尚未得出清晰的结论，对标出性问题的讨论也大部分停留在语言学的自身范畴之内。赵毅衡在《文化符号学中的"标出性"》一文中，尝试将这一理论推进到文化研究领域，并指出中项的偏边和易边在文化项的二元对立关系中起到了决定性的作用。本书在此理论的基础上进一步分析中项偏边在不同层次上的不一致性，以及中项认同的各个层次在亚文化实现"标出性"翻转时起到的不同作用。

## 一、标出性与中项认同的层次性

文化项的二元对立是一个普遍存在的现象，如果用文化的标出性进行描述，对立项中被接受和承认的一方为"非标出项"，它所承载的价值观和风格被认为是正常的；而其反方则为"标出项"，其风格和意义往往处于对正项的背离。[①] 以注重亲缘伦理关系的传统中国文化为例，广泛而稳定的家庭社会关系形态（宗族观和集体主义）为文化的非标出项，而个人主义则被视为怪诞、反常的标出项。因此，在传统社会中，一旦某一成员出现个人主义倾向或设置较为清晰的个人边界，即被视为异类——而跟"异""孤""外"联系在一起的语言表达（"异类""其心必异""孤傲""孤芳自赏""外族""见外"）在感情上呈现出明显的负面色彩。[②]然而，在西方文化的影响下，具有鲜明个人主义色彩的文学和艺术作品也逐步受到人们的认同，"个人主义"这一标出项正处于渐渐被常态化的过程中。影响这一对立关系变化的，是文化中常常隐而不显的认同项——文化的中项。文化的二元之所以会形成意义上的对立，其决定性的

---

① 赵毅衡：《文化符号学中的"标出性"》，《文艺理论研究》2008 年第 3 期，第 5 页。

因素就是中项会做出对其中一项的价值认同。如果没有这个价值认同，二元的概念只是意义上的不同项，并不会形成对立的态势，就如纯生理意义上的"男/女""老/少"一般，表达的只是不同范畴或者意义的划分。而文化的对立意义并不是非此即彼的，在如"美/丑""好/坏"等对立关系中存在着一个宽广的、自身意义并不明确的中间地带；因此，如果把文化对立概念中"非标出"的一方称为正项，"标出"的一方称为"异项"，这一非正非异的"中间方"就是"中项"：它自身"非正非异"的特质并没有使得它对意义对立的双方采取一个真正中立的态度①；相反，由于它自身无法表意，其意义的表达是通过对正项的认同而得以实现的。以婚姻观念而言，"异性婚姻关系"在近代文化中处于正项地位，大部分社会成员——不管自身婚姻状态如何——都对其采取了认同的态度，而非异性婚姻关系（如"同性婚姻"和"婚外关系"）则作为异项存在。当代婚姻观变化的过程实质上是淡化中项对正项认同的过程，中项的认同部分向原本的异项倾斜，采取大致趋中的位置，因此当代人在婚恋形式和对象的选择上具有更大的自由度。由此可见，在"正项—中项—异项"的动力性关系中，正项和异项对中项的争夺，也就是"中项易边"的趋势，决定了文化的对立项是否能够实现翻转或者部分翻转。②

由于文化自身的排他性结构，主流文化为了形成不对称（边缘化异项，以成为稳固的主项）而标出各种亚文化。③而"被标出"的亚文化为了维持自身的特点并向文化域中心流动，也会寻求各种表达方式进行"自我标出"，并进行对中项的争夺。需要指出的是，中项认同本身并不是单层次的，各个层次之间的偏边情况也不一定一致。由于对文化标出性的研究还鲜为人所涉及，对中项偏边的层次情况更没有理论文献可参考，因此本书对中项认同层次的划分只是建立在文化现象观察和归类之上的探索性论述。

俄国符号学家尤里·洛特曼认为，符号域本身呈现出多层次的圈状结构。文化文本的具体意义主要表现为它所传递的美感、情感等心理意义和政治意义。而"第二模式化系统中形成的综合文化观念"，即文化元语言，它虽然是隐性的，却决定着具体文本意义的发展和动态变化，并为文本的具体意义提供解释。

---

① 关于中国人的自我边界和中国文化中的"公私"关系，孙隆基有详细论述，见孙隆基：《中国文化的深层结构》，桂林：广西师范大学出版社，2007年。

② 赵毅衡：《文化符号学中的"标出性"》，《文艺理论研究》2008年第3期，第7页。

③ 赵毅衡：《文化符号学中的"标出性"》，《文艺理论研究》2008年第3期，第6页。

"民族文化的核心思想"是文化符号域的中心层，即该文化的意识形态，"文化元语言"之元语言，它为文化提供评价的标准。

如果把文化符号域层级性的思考运用于中项的层次划分，"正项—中项—异项"的动力性关系至少可以分为以下两个层面：显性层面（包括美感、情感和政治意义层面）和隐性层面（元语言层面）。它们之间的关系如图 2-1 所示：

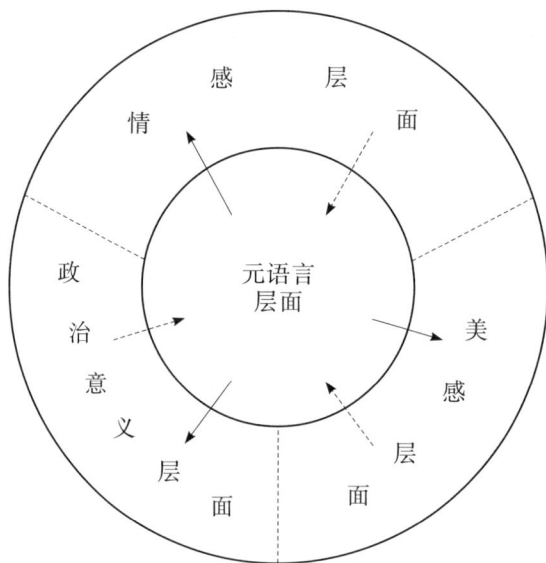

图 2-1　标出性层次图

图 2-1 中的美感、情感和政治意义部分之间用虚线区分，因为它们之间不一定具有明确的界限，而是处于相互作用的流动状态之中；它们处于文化符号域的第一个层面，表现单个文化文本的具体意义。而文化的元语言层面则包括文化符号域的第二和第三个层面，既包括综合的文化观念（文化元语言），也包含了"民族文化的核心思想"，即意识形态部分（文化元语言之元语言）。这一层面对显性层面具有决定性的影响，因此它对这三个部分的作用用实线箭头表示；虚线箭头则表示显性层面的变化对隐性层面也具有缓慢的渗透作用。这两个层面之间的影响并不是完全单向进行的。以上文所论述的"集体主义/个人主义"这一在中国文化中的对立项而言，"集体主义"所具有的正项地位是建立在中项对它在美感、情感和政治意义层面的认同上的；而中项在这三个层面上的偏边则是由它在元语言层上的偏边所决定的。就文化观念而言，中国文化

是建立在"修身齐家治国平天下"的儒家伦理观上的"家国文化",它注重宗族的整体利益;而从意识形态出发,以"和合性"、相融性为导向的民族核心思想在根本上决定了这一文化对立关系的中项在文化元语言层上偏向"集体主义",标出"个人主义"。

需要指出的是,尽管对正异项位置起决定作用的是元语言层面的中项偏向,中项的显性层面之间各部分却不一定保持偏边的一致。以中国二十世纪六七十年代的着装风格为例,"蓝蚂蚁"式的服装占据了文化的正项位置,而带有个人风格的"奇装异服"则因为其带有"资产阶级生活方式"的色彩而处于"被标出"的异项地位。① 这一文化现象存在的深层原因,是因为文化的元语言层认同"阶级斗争"和"无产阶级",因此,"资产阶级服装"被标出,处于边缘化的状态。在这一点上,政治意义上的中项和元语言的中项认同保持了一致。然而,从美感和情感层面上来看,中项对"蓝蚂蚁"式服装却没有采取认同的姿态,而是偏向了其对立面。从海派作家们对当时人们审美心理微妙状态的描写中,不难看出"奇装异服"是受到秘密的追捧和欢迎的。② 对当时着装风格正异项的中项认同情况可以用图2-2表示:

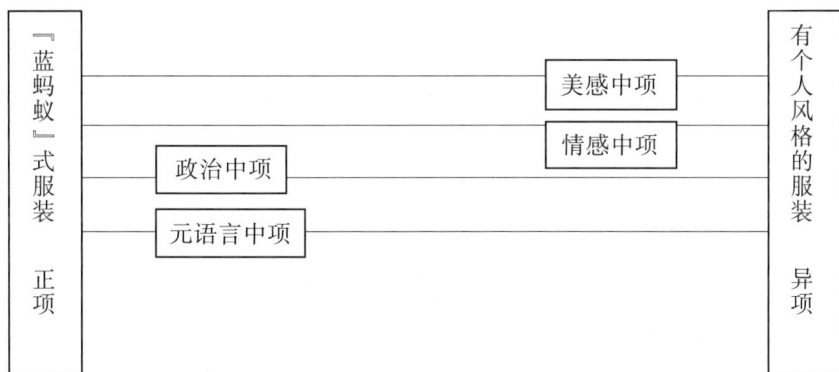

图2-2 服装风格之标出性分层图

---

① 对"蓝蚂蚁"式着装风格"标出性"的初始讨论,见赵毅衡:《文化符号学中的"标出性"》,《文艺理论研究》2008年第3期,第5页。

② 如王安忆《长恨歌》中的王绮瑶、陈丹燕《慢船去中国》中的"爷爷"等人物,都保留了上海人对"洋派服装"的审美观,并成为众人暗中模仿的对象。

在其他的文化对立项中，中项各层次间偏边的不一致性也相当明显。比如说，获得了"政治正确"身份的台湾先住民不一定能得到接受汉文化为主体文化的其他社会成员心理上的认同，原汉文化的元语言冲突带来的价值观对立也会影响中项对先住民身份的心理和美感认同。这种偏边的不一致性和它们之间相互的影响使得文化中"正项—中项—异项"的动力性关系更加复杂，而中项在每个层面上的不稳定性有所不同；这加剧了文化的正异项利用各种方式对其进行争夺。一般而言，中项的显性层次更容易产生易边，而元语言层次的中项偏边情况则相对比较固定。艺术是亚文化进行"自我标出"并争夺中项的手段之一，借助艺术创作批评，亚文化对中项在不同层面的认同上进行争夺，以期实现自身的翻转。

## 二、艺术的正异及其对中项认同的影响

艺术能否成为亚文化实现标出性翻转的手段，目前尚无定论。但现代艺术本身对标出性的追求是显而易见的。表现"中正平和"等正项美感的艺术在现代和后现代文化中日渐式微，而求新求变的异项艺术则呈现出上升趋势。对异项艺术逐渐占据上风的原因，赵毅衡在"标出性"一文中有所论述："艺术的所谓'非功利性'，可以从艺术热衷于标出性上理解：异项艺术似乎是为标出项（文化受压制一方，社会被剥夺一方）争夺注意力，事实上反而参与标出，使'异常项'更加明显地异常；异项艺术并不参与中项争夺，并不致力于把异项变成正常。"[1]

这段论述清楚地说明了异项艺术"自我标出"的特征——通过大量的艺术表现，艺术使得异项更异[9]：这是艺术追求自我突破的结果。然而，异项艺术是否真的不参与中项争夺？如果把异项艺术和中项的关系放在中项的层次关系中来考察，会发现异项艺术的大量存在对美感中项的偏边起到一定作用。以本族文化为中心的艺术体制在接受异域文化艺术形式的过程中，往往需要相当长的时间——异项艺术产生的"怪诞"美感在反复接触中逐渐被常态化，而进入体制内部，成为正项艺术的一部分（此时该艺术在进入文化域初期时产生的

---

① 赵毅衡：《文化符号学中的"标出性"》，《文艺理论研究》2008 年第 3 期，第 11 页。

"怪诞"美感已经消失，所产生的美感为正常美感）。① 以时装艺术为例：女性裤装代表的"中性化"风格在出现的初期被视为"标出性"的艺术表现，而当裤装成为非标出性风格（进入了正常美感范畴）的时候，它最初产生的怪诞感和招致的争议已经消失不见了。因此，从追求"怪诞感""异域感"的异项艺术本身而言，中性风格已经不具有形式创新上的价值；但由于其对美感中项偏边的影响，情感和政治中项也产生了一定程度的摇摆。女性主义运动的蔚为风行、对父权制社会的元语言批判在女性裤装的"正常化"过程中当然起到了决定性作用，但这几个层次的中项认同变化过程是同时进行的，无法完全分开。

　　如果把异项艺术被大众接受的过程加以更细致的分析，它对中项不同层面的影响会更加清晰。艺术最基本的特征之一是它的展示性，因此，当某种亚文化仅仅以艺术的方式进行展示的时候，它引起的只是"异项美感"（即标出性的美感），它并不要求把这种标出性的美感纳入到正常美感的范畴之中；相反，这种标出性体现了它本身的诉求。然而，如果类似的艺术形式不断出现，在公众的接受过程中，这种"怪诞"的异项美感由于被日渐熟悉，而逐步进入正项美感的状态。在这个变化过程中，大众对艺术的"解码"起到了重要作用。对艺术和标出性的关系，有学者指出，艺术是否能够成为潮流，从而参与对中项的争夺，有赖于大众的解码。② 这一观点实际上指出了艺术作品和批评在中项的不同层面上起到的作用。大众对艺术的解码取决于当时的文化语境，因此，当具有某种亚文化风格的艺术创作得到理论批评和政治/文化运动支持的时候，符号话语权将向该文化发生一定的倾斜，此时对该艺术的解码也将发生改变——艺术不仅仅只是一种满足"异项美感"的展示性作品，作为文化潮流和批评性的文化力量，它驱使中项向自身靠拢。在美感、情感和政治意义层面，中项都出现了不同程度的易边。而此时如果批评和政治/文化运动指向元语言，元语言层面的中项有可能会发生摇摆，从而实现整个亚文化的翻转。

---

① 见四川大学文学与新闻学院博士生饶广祥在"符号学论坛"上发表的讨论帖《艺术利用异项是否使异项更'异'？》，http://www. semiotics. net. cn/bbs/dispbbs. asp? BoardID = 16&ID = 252&replyID = &skin = 1。

② 见笔者与四川大学文学与新闻学院博士生饶广祥在"符号学论坛"上的讨论，http://www. semiotics. net. cn/bbs/dispbbs. asp? boardid = 16&Id = 612&page = 2。

### 三、亚文化在文化域中的变动可能

对于艺术作品和批评在文化运动中的互动性和互补性，法农在其著作《大地上的受苦者》中提出了鲜明的看法。法农认为在民族文化的重建工作中，文学与工艺之间、精英与非精英之间应该是一种相互补足和互为基础的关系，文字工作者、口传记录人和民间工艺者之间共同努力的基点在于对本族传统艺术和生活经验的创造性继承。[①] 在重新塑造民族文化的过程中，在战斗性的理念（理论批评和政治文化运动）下形成的自我意识对于保持民族文化的开放性和生命力起着重要作用，法农认为这是文化之间沟通的基础。[②] 尽管法农并没有明确指出艺术作品和批评在民族文化的重建中分别起到何种作用，这一"相互补足"和"互为基础"的观点却可以成为本书的一个重要观照点，即在某一民族文化成为主流文化之异项（亚文化）的态势之下，文艺和批评的展开如何帮助亚文化维持自身的标出性并对中项的不同层面发生影响。

法农在文中探讨了殖民地的本土知识分子在本土文化被剥夺、中断的文化焦虑之下心理状态的三个发展阶段。第一个阶段是知识分子自我切断文化传承的过程。在这一阶段，知识分子被占领者的文化完全同化，成为文化宰制体系中母国文化的传声筒，对本国文化进行全盘否定；而知识分子的文艺创作"完全正确符合母国作家的作品"[③]。这种对母国作家作品的复制不仅仅是对其创造风格和题材的模仿，也是对其文化的全面膜拜。在第二个阶段中，本土知识分子的自我意识开始觉醒，他们"开始动摇，并决定回忆过去"[④]。但这一阶段的文化重建是表象化和简单化的，对传统的回归和拥抱仅仅是对自我身份的证明和意识形态上与母国文化对抗的工具。虽然本土知识分子们"高度肯定他人的

---

① 弗朗兹·法农著，杨碧川译：《大地上的受苦者》，台北：心灵工坊文化，2009 年，第 248 页。
② 弗朗兹·法农著，杨碧川译：《大地上的受苦者》，台北：心灵工坊文化，2009 年，第 251 页。
③ 弗朗兹·法农著，杨碧川译：《大地上的受苦者》，台北：心灵工坊文化，2009 年，第 236 页。
④ 弗朗兹·法农著，杨碧川译：《大地上的受苦者》，台北：心灵工坊文化，2009 年，第 236 页。

习俗、传统和外表，而他苦苦寻觅的不过是展现一种对异国情调的追求"①。要在不同的历史和文化条件下完全恢复古老的传统是不切实际的想法，亦是一种文化退步；正如法农在文中指出的："文化绝不像习惯的那样的半透明，文化完全避开一切简单化。……希望黏附于传统，或恢复已被丢弃的传统，这不仅仅是违反历史，而且是违反人民。"② 这种将文化表象化和简单化的趋势使得民族文化的重新设立无法在这一阶段内完成。法农寄希望于第三个阶段，即知识分子在自我意识明确建立的基础上以完整的文化展演和全面的文艺发展重塑文化面貌，在与其他文化的沟通和互动下完成民族文化的更新。知识分子不仅仅要学会向压迫者抗议，也必须学会向人民诉说。③ 因此，对外部的战斗和对内部的重建这两者是缺一不可的。

　　这三个阶段与亚文化在整个文化符号域中的变化过程不无相似之处。以中国台湾先住民文化为例，未受到其他文化侵入之时，它自身具有一个文化符号域应具有的完整性、相对敞开性和相对封闭性，在其文化内部有明确的正异项价值对立，它的文化价值体系是自足的。然而，在先住民的整个文化被强行纳入先是以日本文化为主体、后以汉文化和福佬文化为主体的台湾文化中并被标记为"异项"的情形之下，原有的正项在主体文化中不被认同，而其异项则被"双重标出"——既被自身文化标出，也为主流文化不容，成为被二度边缘化的对象。由于先住民内部自身的价值认知完全被打破，对自我的否定和迷失、文化传统的断裂和破碎亦在所难免。日据时期先住民知识分子在文化上的全面缴械和主动归顺、"'国语'推行运动"造成的文化全盘失落即可为证。而当20世纪70年代先住民运动风起云涌之际，对"先住民"这一身份的政治意义强调远大于对其文化意义的追寻，对外的抗争实质是诉诸中项认同的政治层面，渴求获得政治上的正名和自我的发声。然而，从文化全域而言，仅仅赢得政治层面的中项认同并不足以实现整个亚文化的翻转；从自身文化的内部而言，如果不能确立自足的文化价值系统，任何文艺创作和传统复现都只能是原本文化符

---

　　① 弗朗兹·法农著，杨碧川译：《大地上的受苦者》，台北：心灵工坊文化，2009 年，第 235 页。

　　② 弗朗兹·法农著，杨碧川译：《大地上的受苦者》，台北：心灵工坊文化，2009 年，第 238 页。

　　③ 弗朗兹·法农著，杨碧川译：《大地上的受苦者》，台北：心灵工坊文化，2009 年，第 254 页。

号聚合轴上某个点的展演，而非自身文化域的重新构建。[①] 要实现民族文化的内在建设和外向发展，需要在自我身份和自我意识的确立之下推动文艺和批评的结合，才能维持自身文化的标出性，维持民族文化系统内部的价值自足；在民族艺术产生的美感逐渐由"异域情调"正常化过程中，将批评着力于文化全域内中项认同的元语言和政治层面，改变大众对民族艺术的解码方式，使得艺术不再仅仅以自身的"标出性"吸引眼球，而是能引起大众的情感共鸣，淡化以至于消解各个层面上中项对主流文化的偏向——正如美感可以多样化，中项对文化项的认同或许也可以趋向多元，逐渐破解某种文化定于一尊的局面。

台湾卑南族学者孙大川在论述排湾族艺术家撒古流对文化之原乡的追寻时，曾用生动的图画语言再现了这一文化建设的轨迹。[②] 如果将这一图示稍加变动并运用于描述作为亚文化的民族文化失落和重建的动态过程，则可以清楚地表现出文化系统内部自足性的变化（见图 2-3）：

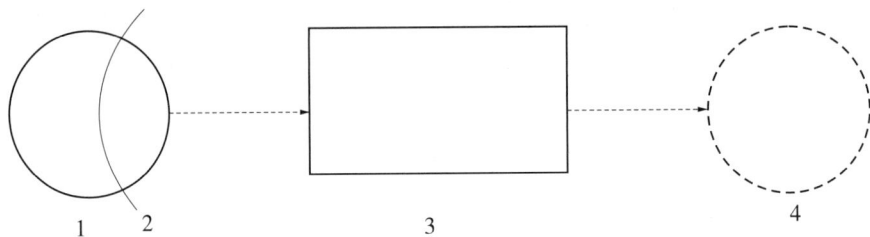

图 2-3　民族文化系统重建图

序号 1 为内部系统具有自足性的一个完整的文化域，它在文化不能对等交流的情况下受到了一个强势文化（序号 2）的入侵。当它被纳入这个强势文化并只作为该文化域的异项存在时，它自身被挤压变形，内部的自足性亦无法维持（序号 3）。而民族文化之重建，只能是在已然失落的文化之上建立一个具有传承性和时代性的新系统（序号 4），而不是对原有文化的照样复原。这样的文化重建可以把对传统的复原和对外来优秀文化的吸收相结合，亦可以是将原有的几种相近的亚文化整合在一起，从而建立一个具有共同诉求、保持自身特性的"想象之共同体"（见图 2-4）：

① 转引自郑文东：《文化符号域理论研究》，武汉：武汉大学出版社，2007 年，第 119 页。

② 孙大川：《夹缝中的族群建构》，台北：联合文学出版有限公司，2000 年，第 41 页。

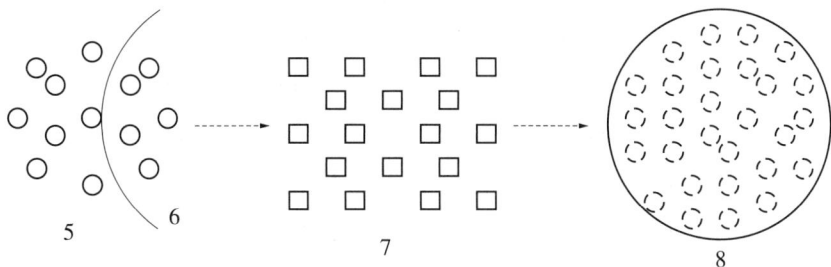

图 2-4　民族文化共生图

　　原本散漫、各自自成体系的地区文化（序号 5）在被强势文化（序号 6）标出并内部失衡（序号 7）后，由于共同的需求——实现自身翻转——而结合成一个命运共同体，从而建构了一个想象中的文化原乡（序号 8）。这一文化系统对外的诉求是赢得主文化域的中项认同，对内则设立了一个普遍的价值标准：有利于系统内部各文化共同和自身发展的文艺、政治活动都能得到该文化共同体内大部分成员的认同。同时，各文化自身的特色和相异之处也得到了保留。

　　洛特曼在对文化符号域关系进行考察时指出：文化都需要通过自己的努力来建立一个"他者"。① 在文化对等的情况下，对"他者"的建立过程，可以成为文化认识自身的基础；"不同"往往是认识自我"共同性"和"相似性"的镜子。然而，文化符号域之间的交流和碰撞并不常常是在一种对等的前提下展开的，"他者"的文化在一个强势文化的挤压之下完全处于"被标出"的地位，最多成为满足异项美感的对象，得不到任何层面上的中项认同。同时，该文化体系内部的中项认同也会产生混乱，原有的文化传统和价值观中的正项被主文化域的中项所否认，而这种外部标准的内化也使得该文化系统内部的自足性逐渐丧失。

　　认识到中项认同在文化正异项确立中的决定性作用以及它本身的层次性，对作为异项的亚文化实现翻转有重要意义。为了不被主流文化同化，在成为异项后不得不"自我标出"，来维持自身的不同价值观和风格。这种"自我标出"的趋向和艺术对标出性的追求是相吻合的，因此亚文化"自我标出"的手段往往是各种艺术创作和表达。"自我标出"只是对自身身份设置的一种标识，在这个过程中最初产生的艺术作品仅仅是一种异域风情式的展演。然而，当这种

---

　　①　赵毅衡：《文化符号学中的"标出性"》,《文艺理论研究》2008 年第 3 期。

风格的艺术作品大量涌现，人们在反复接触中逐渐见"怪"不"怪"，它在美感上将被逐渐常态化。如果艺术创作能与批评和政治/文化运动相结合，使大众对艺术的解码和认知方式由此发生改变，中项认同的各个层次就可能实现不同程度的易边。亚文化体系的内部变化也大致相同：文化重建中多种形式的文艺/批评互补，使得整个文化传统有了全面复兴的希望，并在知识分子和大众之间形成了沟通和互动，让文化内部的价值体系能够重新确立；而不是把重建的目标仅仅停留于政治表演和学术样板的保留上，零碎地复活个别已然失落的民族文化符号。而亚文化的翻转，并非以一百八十度的倒转把主流文化置于异项的地位，以一个中心代替另一个中心，或是用新的二元对立取代原有的二元对立，而是将中项的认同在各个层面上都导向多元，使其可以"多中心化"，以期实现文化宽容和对多种文化传统的尊重和传承。

## 第二节　标出性变动

### 一、正项对中项的压力及影响

对"正项—中项—异项"这一动力性关系，《文化符号学中的"标出性"》[1] 一文已经有了相当清楚的描述，为行文方便，笔者在这里进行一个简单的概括：在文化对立项中，正项和异项是不对称的，其原因是对立关系里存在隐而不显的中项，它为了不被标出，总是偏向认同正项；但是这一偏向并不是恒定的，而是处于变化中。因此，对中项的争夺决定着正异项在文化中的地位。既然被争夺，中项的两头受压就无可避免；而其受力的方向和程度，和文化的变化趋势不无关联。

任何文化中都有其"主流"或"中心"，它们为了维持自身的正项地位，必定会对中项施加一定压力，迫使其认同自身；如果这一压力过小，正项就会对文化失去控制力；压力过大，文化则很容易失去弹性和活力，陷入发展的僵局。正项施加压力的方式通常来说有两种：一是示范性的，通过某一特定群体

---

① 赵毅衡：《文化符号学中的"标出性"》，《文艺理论研究》2008 年第 3 期。

的生活方式、宣传、文艺作品等对正项的文化演绎，社会成员耳濡目染，自然会对正项产生认同。古代社会中贵族生活的繁文缛节、神职人员日常生活的仪式化、官方艺术作品对现有文化和制度的表现都属于这一范畴之内。这些方式所具有的仪式感非常重要，它可以激起社会成员敬畏、尊崇、感动等正面感情，从而自觉地遵守现有的文化规范。在现代社会中，对仪式感的重视逐渐被取消，因此这种展示性的表现则主要通过大众传播进行①，电视节目意在激起民众的参与感，在一致的情感认知中建立对正项的认同。另一种施加压力的方式则是强制性的，通过典章、规则、法律、禁忌等硬性手段保证正项的地位。通常情况下，在宽容度较高的文化中，中项更多地采用示范性的手段对中项施压；而在文化机制较为严厉的文化中，强制性的手段使用得更多。

"正项—中项—异项"关系中与文化宽容度相关的另一个重要指标是标出项的范围。如果标出项范围过窄，正项的优势地位则无法突显出来；而标出范围太宽，本来应当是中项的内容也被标出，容易导致异项的激烈反弹，正项的地位同样会受到影响。

中国传统文化的正项在相当长的时间里都对中项施加了适度的压力，"礼不下庶人"的文化秩序格局使得正项的范围始终控制在相对较小的范围内，贵族和士大夫们必须服从礼教，而下层则享有变通的权利。② 在对待外来文化的冲击时，中国文化也表现出了较大的宽容度，对佛教、胡人文化的传入，权力上层和文化上层基本上都抱着顺其自然的态度。这固然与中国文化"贵和尚中"的特点不无关系，但终归还是因为中国文化的正项与中项保持着松紧适度的压力关系，并且对异项文化仅仅做了"差异化"处理，标出它的不同之处，而并不强行取消标出项的存在。其结果是，有的亚文化（比如佛教）在经过正项的过滤之后，反而与之融合，成为对正项文化的丰富和补充；文化也呈现出同化性强、缓慢发展的态势。从这一角度而言，中国文化长期以来的超稳定性似乎能够得到合理的解释。

---

① 赵毅衡在《符号学原理与推演》中，曾讨论过电视传播研究中的伯格纳涵化理论是如何帮助正项稳固中项对自身的认同的。

② 赵毅衡：《礼教下延，色情上升：中国文化的"分层/逆反"机制》，《礼教下延之后：中国文化批评诸问题》，上海：上海文艺出版社，2001 年。

## 二、异项的存在方式和对中项的压力

在上文中我们已经看到，在宽容度高、正项施压方式以示范性为主的文化中，异项的存在基本上处于自然状态，在这种情况下，为了保持自身特色，亚文化常常故意自我标出。① 异项的存在方式通常有两种：其一是在某些层面上吸引中项向自己倾斜；其二则是通过变形的方式隐秘地存在于正项或中项中，在一定条件下，它有可能被"激活"，得到进一步的发展。

在《论文化"标出性"诸问题》一文中，笔者曾经把"正项—中项—异项"的动力性关系分为显性（包括美感、情感和政治意义层面）和隐性（元语言层面），并指出中项的偏边情况在这些层面上不一定一致。② 中项在不同层面上受力情况不同，这一点将在下文中得到讨论。元语言层面的中项偏边最为稳固，而其他层面上，异项都可以相对容易地争取中项向自己移动。比如台湾先住民文化这一异项，首先争取到的就是中项在政治层面上向其倾斜；在"政治正确"的语境之下，即使社会成员在心理上对异项还有所排斥，也不便公开表达，异项由此为自己争取到了一定的生存空间。

在正项压力过大、文化体制较为严厉的情况下，异项的存在空间逼仄，回旋余地小，因此，它不得不采取变形的方式"潜伏"在正项或中项之中；而在一定条件下，它可以复活。在研究欧洲中世纪中晚期兴起的对圣母玛利亚的崇拜现象的资料中，就有学者指出，圣母崇拜中保留着对丰产女神的崇拜③，这种"丰产女神与圣母的合一"实际上是"女神崇拜"这一异项的变形：异项通过改头换面进入了正项，并赢得了中项的认同。这正印证了洛特曼的观点：文化不会死亡，在语境允许的情况下可以复兴。④ 情况的确如此：当代社会元语言转向"平等"和"多元化"，生态女性主义浪潮兴起，艺术家和批评家们对"盖亚神话"进行重新发掘，象征自然和女性力量的丰产女神、大地之母形象

---

① 赵毅衡：《文化符号学中的"标出性"》，《文艺理论研究》2008 年第 3 期。

② 彭佳：《论文化"标出性"诸问题》，赵毅衡主编：《符号与传媒（二）》. 成都：巴蜀书社，2011 年。

③ 刘文明：《上帝与女性——传统基督教文化视野中的西方女性》，武汉：武汉大学出版社，2003 年。

④ LOTMAN J M. Universe of the mind: a semiotic theory of culture. SHUKMAN A trans. Bloomington: Indiana University Press, 1990.

得到了肯定和推崇。

异项不仅要为自己争取生存空间，还试图实现"标出性"的翻转——这是异项对中项的压力来源之一。而异项除了自身的翻转要求驱动之外，它加诸中项的压力还有两个来源：一是正项压力加强引起的异项的反作用力，二是艺术对"标出性"的不断追求。[①] 在《礼教下延，色情上升：中国文化的"分层/逆反"机制》一文中，赵毅衡指出，明朝的礼教下延现象在 17 世纪时激起了士大夫阶层普遍的礼教叛逆，而叛逆的手段则是制造和阅读大量的色情文学作品。[②]"色情"这一异项对中项和正项的反动，既是对正项压力作用的反弹，也和艺术不断追求自我突破的特点相关。艺术在风格、内容、体裁上都必须不断标出自我，因此，它不得不朝文化的边缘地带和禁忌之处突围，向文化的历史上游游走，甚至从文化的外部汲取养分，而这些地带，都是文化的异项之所在。可以说，异项在艺术中取得了较大的生存空间，亚文化往往是通过艺术手段维系自我的。

然而，正因为艺术本身就是追求"标出性"的，它自身不具有翻转异项标出性的要求。事实上，在很多例子中，艺术只是对异项不同风格的展演，并不参与对中项的争夺。当西方的服装设计师在自己的作品中引入中国元素时，他对中国文化是否能成为西方文化的正项并不关心。艺术竟得以成为驱动"标出性"翻转的力量之一，跟中项在不同层面的受压情况相关，也和大众对艺术文本的解码方式相关。[③]

## 三、中项在不同层面的受压和文本语境

笔者曾经指出，中项的显性层次更容易产生易边，而元语言层次的中项偏边情况则相对比较固定。当某一异项以艺术形式不断出现时，在公众的接受过程中，其异项美感由于被日渐熟悉，而逐步进入正项美感的状态。此时，中项在美感和情感层面都开始出现向异项靠拢的趋势。而异项是否能真的实现"标出性"的翻转，要视其是否能得到理论批评和政治/文化运动的支持。在这一过

① 赵毅衡：《符号学原理与推演》，南京：南京大学出版社，2011 年。
② 赵毅衡：《礼教下延，色情上升：中国文化的"分层/逆反"机制》，《礼教下延之后：中国文化批评诸问题》，上海：上海文艺出版社，2001 年。
③ 彭佳：《论文化"标出性"诸问题》，赵毅衡主编：《符号与传媒（二）》，成都：巴蜀书社，2011 年。

程中，大众的解码起到了决定性作用。如果某一表现异项文化的艺术文本得到了文本语境的支持，那么该艺术的解码也将发生改变——艺术不仅仅只是一种满足"异项美感"的展示性作品；作为文化潮流和批评性的文化力量，它驱使中项向自身靠拢；当批评和政治/文化运动指向元语言，元语言层面的中项有可能会发生摇摆，从而实现异项的"标出性"翻转。① 需要特别指出的是，元语言层面的中项偏边对中项的整体偏边具有决定性的影响。正因为如此，中项在显性层面受力较轻，在这个层面上"正项—中项—异项"的动力性关系较为松动；而在隐性的元语言层面上，这三者的关系趋于紧张，中项受力最大。正异项双方为了在这个层面上争夺中项，都对其施加了巨大的压力。

为了验证中项在元语言层面对显性层面的影响，我们不妨看看台湾先住民运动中的两个例子。在日本文化和汉文化侵入台湾先住民社会之前，其文化内部有着稳定的"正项—中项—异项"关系，对祖灵的信仰和"出草"（猎人头）的习俗在某些部落中占据着文化正项的位置，文化成员对其采取的是认同的态度，如果不遵从这些信仰和习俗，就会被标出，成为社会的异项。然而，由于先住民文化在台湾文化中整体被标出，这些本为正项的习俗被台湾的一般民众视为异项，先住民社会内部对它的认知也发生了改变。先住民运动兴起之后，先住民知识分子致力于重建部落文化，创作了大量表现"祖灵信仰"这一习俗的文艺作品和研究②。在"尊重少数民族权益"的政治语境支持下，这一信仰很快得到族群内部和台湾社会外部的认同，中项在美感、情感和政治意义层面都向其倾斜。然而，部分先住民部落的习俗"出草"，尽管有反对"吴凤神话"这样"去污名化"的运动和作品出现，这一习俗却很难获得台湾社会成员情感和美感上的认同。究其原因，盖"祖灵信仰"这一异项在元语言上与汉文化的重视血缘伦理关系的元语言接近，因而它在元语言层面上容易获得中项的认同；而"出草"的习俗悖于正项之元语言，尽管中项在政治层面上被"先住民运动"的语境所裹挟，向异项移动，在其他层面上却很难产生移位。先住民知识分子似乎深知这一缘由，因此，对"吴凤神话"的争议焦点并不落在"出草"这一习俗的合理性上，而是着重在故事的虚构性和对先住民形象的扭曲之上。

---

① 彭佳：《论文化"标出性"诸问题》，赵毅衡主编：《符号与传媒（二）》，成都：巴蜀书社，2011年。

② 如雅美族作家夏曼·蓝波安的《八代湾的神话》、曾建次编译的《祖灵的脚步》、邹族学者巴苏亚·博伊哲努的《库巴之火》等。

上文已经提到，艺术文本的解码方式对异项能否争取到中项认同至关重要，而解码方式又在很大程度上取决于伴随文本①，尤其是链文本。中项在元语言层受到双方很大的压力，各种批评都在这一层面上用力，这也是为什么有学者认为"标出性"翻转的动力还来自批评的驱使②。可以说批评是异项争取中项的终极手段，它不停激发正项在这一层面与之论战，也使文化获得了某种自省和自我批判的能力。艺术、文化运动和批评相结合，中项在不同层面上都受到来自异项的压力，也在不同层面上都可能发生向异项的偏边，从而改变异项被标出的地位。

在"正项—中项—异项"的动力性关系中，中项的偏边起到了决定性的作用；中项靠自己无法表意，正项和异项都要对其进行争夺，因此它受到来自两面的压力。艺术和批评在这一关系的力量变动中起到了重要作用，可以使中项在不同层面上发生对异项的偏边。这三者之间的张力不仅关系着文化的宽容度，也关系着文化的发展方式和其"标出性"的改变。因此，对中项受压情况进行细致的考察，对我们从文化符号学角度出发去探寻文化发展的规律和模式，具有非常重要的意义。③

# 第三节　文化标出性与格雷马斯方阵

自现代批评理论出现以来，批评家们对破解文化和思维的二元对立进行了不懈的努力。其中，最为大行其道的当属解构主义和后解构主义。它们所引发

---

① 赵毅衡：《符号学原理与推演》，南京：南京大学出版社，2011 年。

② 赵毅衡：《符号学原理与推演》，南京：南京大学出版社，2011 年。

③ 洛特曼对文化机制二元性的讨论，始见他于 1984 年发表的《符号域》（*On the Semiosphere*）一文。在之后的著作中，他对这一问题进行了更深入的讨论。洛特曼认为符号域内外的符号性质和文化结构都具有不对称性，正是这种不对称性促进了文化的创新和发展。需要强调的是，洛特曼所认为的"二元性"不仅仅包括本文所指的二元对立观念，如文化结构上的"内/外""自我/他者""中心/边缘"，还包括对不同符号性质的区分，如"图像符号/离散符号"等。在洛特曼晚年的著作《文化与爆炸》（*Culture and Explosion*）中，作者尝试打破二元对立模式，建立起三元体系，如他提出将"傻瓜/聪明人"和"聪明人/疯子"的二元结构合成三元，形成"傻瓜—聪明人—疯子"的三元结构。遗憾的是，这个三元关系模式不具有普遍性，洛特曼始终未能建立起表现文化发展规律的抽象三元模式。

的后现代大众文化风潮充满了颠覆性与戏仿性，对于破除原本看似牢固的文化霸权有非常之功。但是，解构主义的虚无性和寄生性，也是批评家们所激烈抨击之处。符号的意义生产是不稳定的动态平衡，因此，只有开放性的模式结构，才能更为准确地描述这种意义生产的过程。

自皮尔斯开始，符号学家们对于二元对立的破解方法，就在于建立一种更具有开放性、动态性的符号模式。皮尔斯首先用著名的符号三分法建立了"无限符号过程"：对自己的符号学模式，皮尔斯称其为"连续论"（synechism），认为它不同于二元论，后者"是单轴分析的哲学，将各项分为终极要素和彼此无关的组块"①。对皮尔斯建立的这种三元模式，皮特里宁（Ahti-Veikko Pietarinen）认为，这是"任何追寻智慧的科学研究理论所必然具有的特征"②；而苏珊·佩特丽莉（Susan Petrilli）则写道，"三分法是皮尔斯符号研究的一个基本特色，但它绝非是一种过度简化"③。三分法作为具有开放性、对话性的符号学模式，已经被广为接受和认可：三元关系看似只比二元关系多一元，但正是这关键的一元，延展了符号意义关系，赋予其动态性。

作为破解文化二元对立的符号学理论，文化标出性理论的基本模式也是三分性的：它将"标出/非标出"（marked/unmarked）的二元对立展开，建立了"正项—中项—异项"的三元关系；其中，中项的站位，即中项对哪一项采取认同的态度，决定了哪一项成为正项并和自身一起占据"非标出项"的地位；而未能获得中项认同的另一方则成为标出项。由于中项的站位并非固定，而是不断变化的，文化发展的动态性也就得以体现。赵毅衡指出，"对立文化范畴之间不对称带来的标出性，会随着文化发展而变化：文化的发展，就是标出性变化的历史"④。由此可见，较之于固定、僵化的二元对立，中项范畴的划定，使文化标出性理论对文化关系的描述有了更强的动态性。并且，在这一三元关系中，标出性的变化不是绝对的一百八十度逆转，它常常是部分的、局部的，而不是非此即彼。由此可见，以三分为特点的文化标出性理论，是具有开放性和

---

① CP 7. 570.

② PIETARINEN A-V, DAI W W & ZHAO X Z. Extensions of Charles S. Peirce: an interview with Ahti-Veikko Pietarinen.《符号与传媒》2014 年第 9 期，第 49 页。

③ PETRILLI S & PONZIO A. Semiotics unbounded: interpretive routes through the open network of signs. Toronto: University of Toronto Press, 2005: 35.

④ 赵毅衡：《符号学》，台北：新锐文创，2012 年，第 367 页。

包容性的符号学模式。本书旨在运用格雷马斯方阵对标出性理论进行观照，说明中项其实是一个非正非负、亦正亦负的漩涡式存在，而文化标出性模式具有很强的对话性和活力。

## 一、中项的幅度和受力大小：文化宽容度的指标

在“正项—中项—异项”的三元关系中，中项是一个自身无法表意的范畴。作为分别和判断其他两项正异地位的要素，它自己的意义是被正项所携卷的。用生物符号学的比喻来说，中项就像是生命体视网膜上的盲点，它使得对象和自我，即标出项和非标出项可以被分别出来，但由于盲点无法看见自身，包含了中项的非标出项在日常生活中作为被默认的价值观和风格，也是无法照见自我的。赵毅衡曾指出，“生活在某个文化中的人，并不觉得自己的文化元素风格特别”①：这种中项和正项作为非标出项的正常化和非风格化，是文化所具备的基本特征。

中项是“各种文化标出关系的最紧要问题”②，这不仅是因为中项偏向哪一边，就决定了哪一边成为文化的正项；更为重要的是，中项的幅度是否宽窄合度，这关系到文化意义秩序能否维持，因此，文化标出性往往是伦理性的，不管是在文化元典还是社会日常生活中都是如此。不少文化经典，如《易经》，在建立自身的话语体系时，就构建了系统的伦理标出秩序。③ 而非常有趣的是，如祝东所指出的，《易经》在进行意义判定时，其元语言必须结合当时的语境来理解，因此，它的中项是一个颇有弹性的范畴。④ 又如，在日常生活秩序对“无私／自私”的二元对立中，绝大多数文化在建立道德标准时，都将不寻求自身利益、为他人付出的“无私”行为作为正项加以认同，以期树立良好的行为风尚。然而，在划定异项，即定义什么是“自私”的过程中，中项必须将大多数寻求利益的行为纳入自己的范畴中，而把在寻求利益过程中损害了他人利益的行为设定为异项。否则，道德标准要求过高，打击面过大，就会导致文化道

---

① 赵毅衡：《符号学》，台北：新锐文创，2012 年，第 365 页。
② 赵毅衡：《符号学》，台北：新锐文创，2012 年，第 367 页。
③ 王晓农：《从文化符号学标出性理论看〈易经〉经文标出问题：以卦爻辞之占断专用辞为例》，《符号与传媒》2016 年第 1 期，第 365 页。
④ 祝东：《符号学视域下的易学元语言研究》，《符号与传媒》2016 年第 1 期，第 371 页。

德秩序根本无法维持："狠斗私字一闪念"的时代最终陷入混乱和疯狂。秩序瘫痪，就是一个明证。

不仅如此，正项在对中项和异项施加压力时，也应当维持在一个适度的范畴内；如果正项对中项和异项进行强力的打压，甚至强制性地取消中项，就会使文化失去弹性，最终走向断裂或消亡。在《"中项"与文化"标出性"的改变》一文中，笔者曾将中国文化的超稳定性和中世纪基督教文化的断裂发展相对比，认为中国古代文化有着"礼不下庶人"的传统，因此下层的变通余地较大，能够得到差异化发展；而中世纪教会将打击面甚至扩展到了科学研究和文艺创作，所以最终走向了式微。① 文化作为"社会符号表意集合"②，要保持活力，就必须将正项施加的压力控制在一定范围之内，否则，就会陷入单一、僵化之中，最终引起异项和中项的剧烈反弹，从而引发文化和社会震荡。

在《论文化标出性翻转的成因与机制——对赵毅衡一个观点的扩展》一文中，胡易容将正项对中项和异项的压力程度与社会体制相联系，认为中项和异项受压过大的情形常见于集权社会，这种高压造成了"文化对立双方的最大紧张"③。他以法国大革命的社会震荡和英国的温和革命为例，讨论了中项在二元对立关系中起到的协调作用。事实上，在中项受力不大的情况下，它都能起到这种协调和缓冲对立紧张的作用，使社会能够稳定而有序地发展。

前文已经证明，在文化标出性关系中，中项必须有一个合适的、较为宽松的范畴界定，确保自己是"沉默的大多数"，才能有效地维系文化意义秩序。而在实际的文化对立情况中，标出项和非标出项往往都不是单项的，而是复合项，这使得中项容纳的元素更加混杂和多元。在社会文化制度愈加宽松的今天，情况更是如此。以婚姻关系为例，尽管大多数文化仍然保留着将"婚内异性关系"作为正项的状况，但和以前不同的是，中项不再仅仅是未婚和离异群体，其他的婚外性关系都被认为是异项的情况也不复存在。在开放程度较高的社会中，如荷兰，婚内同性关系已然合法化，从而成为中项的一部分。因此，当今

---

① 彭佳、王万宏：《"中项"与文化"标出性"的改变》，《江苏社会科学》2011 年第 5 期，第 110 – 112 页。

② 赵毅衡：《意识形态：文化的元语言》，《江西师范大学学报》2016 年第 1 期，第 56 – 70 页。

③ 胡易容：《论文化标出性翻转的成因与机制——对赵毅衡一个观点的扩展》，《江苏社会科学》2011 年第 5 期，第 144 页。

社会文化发展出现了中项范畴越来越宽泛的趋势，中项吸纳了越来越多的因素，成为多元、多音、混杂交响的所在。这种变化体在少数群体的自我认知上表现得尤其明显：他们的自我发声，是作为被标出的成员与其他社会成员对话的结果，如陈文斌所指出的，这种对话在一定程度上打破了元语言的统摄，形成了自我的、不同的元语言。① 正是个体元语言的多元化延展了中项的范畴，使其变得更有弹性。如果说中项的范畴宽窄和受压大小是文化宽容度指标的话，当今社会无疑已经迈入了宽容度加速增高的阶段。

## 二、格雷马斯方阵与标出性

在对对立否定关系的符号学描述中，格雷马斯方阵无疑是最为著名的模式。这一模式最为完善和成功的运用，是格雷马斯（Algirdas Julien Greimas）和库尔斯泰（Joseph Courtes）对其用于"述真"问题的思辨。他们用四项两两对立的元素，即"是""似""非是""非似"建立了一个符号方阵，并得出结论：所谓"真"，是双重肯定，即亦"是"亦"似"；所谓"假"，是双重否定，即亦"非是"亦"非似"；而在"真"与"假"之间的幻觉、想象、伪装等，是处于这两极之间的游移。② 套用文化标出性理论，如果将"真"作为正项而"假"为异项，这些游移的元素就共同构成了混杂而多元的中项，无法将其简单地归纳为"真"或"假"：它们是亦正亦负、非正非负的存在。

事实上，当格雷马斯首次运用格雷马斯方阵来分析语义空间结构时，是和他的同事拉斯特（François Rastie）用其讨论法国文化传统中的婚恋观。该方阵由四项元素构成：A、B、负 A、负 B。如图 2 - 5 所示，A 和 B、负 A 和负 B 是相反关系，A 和负 B、B 和负 A 是蕴涵关系，A 和负 A、B 和负 B 则是相对关系。③

① 陈文斌：《主体，身份，自我——关于符号自我的考察》，《江西师范大学学报》2016年第 1 期，第 81 页。

② GREIMAS A J & COURTES J. Semiotics and language：an analytical dictionary. Bloomington：Indiana University Press，1982：140.

③ GREIMAS A J & RASTIER F. The interaction of semiotic constraints. Yale French studies，1968（41）：92.

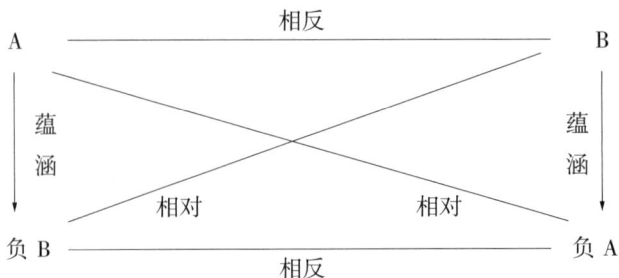

图 2-5　格雷马斯方阵图

　　格雷马斯和拉斯特将 A、B、负 A、负 B 四项分别与婚恋状况的四类情况相对应：A 代表异性婚姻关系，B 代表乱伦、同性恋，负 A 代表男性的婚外性爱，负 B 则代表女性的婚外性爱。他们指出，在法国的文化传统中，A（异性婚姻）是合法的、有规则可依的婚恋状况，负 B（女性婚外性爱）则是未被绝对禁止的。负 A（男性婚外性爱）是不合法的，而 B（乱伦、同性恋）则被视为最为不正常的（abnormal），是绝对的禁忌。也就是说，在这四项相互对立的元素中，A 作为正项，它最为排斥的是它的异项 B，而对它的负否项和否异项，即负 A 和负 B，则采取了相对宽容的态度。

　　如果在标出性理论模式中检视格雷马斯和拉斯特的这一分析，就不难发现，在这个方阵的正项 A（异性婚姻关系）和异项 B（乱伦、同性恋）之间，存在着混合性的、宽阔的中间地带，即负 B（女性婚外性爱）和负 A（男性婚外性爱），它们和这个方阵中未曾提到的其他项（未婚、婚前性关系）一同构成了法国婚恋观的中项，也就是"沉默的大多数"：它们都对正项 A，也就是异性婚姻关系采取了认同的态度，这决定了正项在文化中的伦理地位。

　　在这里，必须指出两点：第一，负 A 项（男性婚外性爱）作为中项的一部分，它其实是游移在"部分禁止"和"绝对禁止"之间，因此，也可以将其视为被部分标出的异项。在许多文化中，中项这一宽阔的区域和异项之间的界限并非绝对的壁垒分明，其边界是有弹性、可以移动的。如同玛丽·道格拉斯（Mary Douglas）对宗教净化和禁忌的文化规则研究所表明的那样，文化建立的分类在本质上是人为规定的，而符号现象事实上则是连续的，这种分类旨在维持人类经验的秩序。[①] 而事实上，由于人类的文化经验是变化的，范畴的划分也是变通的，这和语言范畴分类的情况极为不同，后者是相对清晰和固定的，这也是为什么赵毅衡会认为语言标出性变化情况较少，而文化标出性变化较大，需要详细的模式加以研究的原因。在法国文化中，男性婚外性爱在中项和异项之间的游移变化，也说明了中项受力程度较轻，使其可以部分地容纳异项，这证明了中项受力程度和法国文化宽容度之间的关系。

需要指出的第二点是，如果将负 A 项（男性婚外性爱）这一在法国文化中既可以被视为中项，也可以被视为异项的部分划入异项范畴，那么，异项的标出性就有了强弱程度之分。这一点在语言学家凯罗尔·麦尔－斯科顿（Carol Myers-Scotton）的研究中得到了证明，在《语码和后果：语言多样性的选择》（*Codes and Consequences*：*Choosing Linguistic Varieties*）一书中，她写道："尽管主导性的非标出项往往只有一项，但标出项和非标出项却不一定只是单数。"[②] 可以看到，麦尔－斯科顿其实已经意识到了非标出项可以包含多个层次，即赵毅衡提出的标出性模式中的正项和中项：她将正项称为"主导性的非标出项"，而其他的非标出项，就是本文模式中所说的中项，它常常是复数的、混杂的形式。而且，麦尔－斯科顿认为标出项也不一定只有一项，也就是说，标出项本身是复数的、多元的。这就可以解释二元对立经过文化标出性模式的三分关系，可以被分解为多元构成的原因。并且，由此还可以进一步地提出疑问：驱动标出性翻转的，是被标出项的哪一部分？是标出性较弱、滑动在中项和异项地带的部分，还是标出性较强、作为"异项之异项"的部分？

格雷马斯和拉斯特的这一研究激起了不少学者的兴趣，比如，谢弗（Heinrich Schafer）就继续使用这一方阵，来研究灵恩派内部宗教认同的各项关系，以试图解释宗教实践与教条之间的差别形成。克罗地亚学者安图洛夫（Sandra Antulov）和伯特萨（Mislava Bertoša）的研究则进一步发展了格雷马斯和拉斯特的婚恋方阵，他们认为，在当代的克罗地亚文化中，可以用如下关系来描述几种婚恋情况：A 代表异性婚姻关系，B 代表乱伦、恋童、性强暴等行

---

①　DOUGLAS M. Purity and danger：an analysis of the concepts of pollution and taboo. London：APK Paperbacks，1984：312.

②　MYERS-SCOTTON C. Codes and consequences：choosing linguistic varieties. New York：Oxford University Press，1998：90.

为，负 B 代表异性婚外性爱，负 A 则代表同性恋关系。① 按照他们的关系项设定，那么，A（异性婚姻关系）仍然继续作为合法项而存在，负 B（异性婚外性爱）则是未被绝对禁止的现象。负 A（同性恋关系）是不合法且被部分禁止的，而 B（乱伦、恋童、性强暴）则是绝对禁忌，是严重的罪行。

较之于格雷马斯和拉斯特的分析，安图洛夫和伯特萨的研究覆盖面更加宽阔，包含了更多的性禁忌现象。更为重要的是，他们运用格雷马斯方阵所进行的讨论，体现了欧洲文化在婚恋关系的标出性上的变化，即作为异项的同性恋由于获得了中项认同，而部分地实现了翻转，为社会成员所接纳。事实上，整个婚恋观念在西方社会的松动，的确和同性恋亚文化的努力推动密切相关。作为原有的婚恋关系中标出性最强的部分，也就是异项之异项，它强有力地推进了标出性翻转的过程：在现在的欧洲文化标出关系中，中项所包含的范围不只是认同异性婚姻的未婚或婚外独身人士，它不仅囊括了法国传统中的女性婚外关系，也包含了异性婚前关系、男性婚外关系以及同性恋关系——只要这些关系不明确地涉及和伤害到婚姻关系，它们就处于中项的灰色边缘地带中而不会被标出。中项范畴扩大，而受力程度减轻，这是当代文化氛围进一步宽松化的表现。

用文化标出性模式来分析安图洛夫和伯特萨的研究结果，就会发现，在当代欧洲的婚恋秩序中，异性婚姻关系作为正项，是受到绝大多数社会成员认可和接受的；乱伦、恋童、性强暴等作为异项，是绝对的标出项，为社会全体所否定和不齿；而非正非负的中项，它的存在则是相当微妙的：它既不属于婚内的、受法律保护并受认同的异性关系，也不属于全民深恶痛绝的犯罪行为和道德禁忌。它是一个混杂的存在，尤其是在社会宽容度极高的今天，它的成分进一步向多元化发展。

不仅如此，如果对文化标出性的历时变化加以审视，就可以发现，中项不仅是非正非负，也是亦正亦负的。"亦正"这一点容易理解：正项既然是规则、是典范，中项自然会向其靠拢，对其进行效仿。"亦负"则指的是，在标出性变动的过程中，中项会逐渐将异项的一部分纳入自身范畴中，使其不再成为完全的禁忌。上文中所提到的，男性同性恋行为从西方文化中绝对的异项、标出

---

① ANTULOV S & BERTOŠA M. Beyond Morality. Discourse on homosexuality in Croatian Newspapers from the sociosemiotic perspective：Comparison of two periods. Literature and culture. http://www. sic – journal. org/ArticleView. aspx?aid = 81#.

项,成为当今被包容、被默认的中项的一部分,就是一个例证。中项的这种漩涡式存在,即中项在两极间的摆荡和混杂,以及它的变化所带来的标出性改变,体现了标出性各项之间所具有的对话性。

### 三、中项漩涡形成的动因:实质性对话主义的存在

对于文化标出性为什么总是处于动态变化之中,胡易容提出了"内在翻转机制说"。他指出,一方面,文化标出性的改变既有外在因素,即"不同时期的主导因素变化所构成的文化生态环境的总体变化逼迫正项让位,标出性翻转"①;另一方面,文化内部也有内在的翻转机制,即试推机制的存在。既然文化总是朝各个方向试错的,那么,作为被标出的异项,也可能成为文化试错的新方向,从而获得翻转的机会。这种文化试推法,其实就是文化与其他文化、与文化内部亚文化各项的对话,正是这种对话使得中项成为混杂多元的漩涡式存在。

所有的符号过程都是对话性的,这是以庞齐奥(Augusto Ponzio)和佩特丽莉为代表的对话符号学派提倡的观点。在《打开边界的符号学》一书中,庞齐奥和佩特丽莉讨论了巴赫金提出的"实质性对话主义"(substantial dialogism)对符号学研究的重要性:"实质性对话不是由文本的对话形式(即形式上的对话)所决定,而是由文本中的对话程度所决定;文本中的对话性也许呈现为对话的形式,也许不是。换言之,实质性对话决定于对异他性开放程度的高低。"②此话看似复杂,实际上是说,"实质性对话"其实是各项之间对话的可能条件,是各项之间本体上的关联,而不是形式上它们有没有对话关系。即使是在对自我(正项)的认同这种看似单一的文化现象中,也存在着向他者(异项)敞开的可能,如他们所写到的:"实质性的对话并不是声音、对话者或者对话交换中涉及的身体的数量问题。相反,它描述了一种条件和态度,描述了自我朝向他者的、对话的倾向,甚至在一个单独的符号或者说单独的声音中也是如此。逃避对话主义是不可能的,正如逃避他者也是无法实现的一样。事实上,不论我们对他者喜欢与否,我们都服从于他者,以至于若非在和他者的相互关联中,自我的同

---

① 彭佳:《论文化"标出性"诸问题》,《符号与传媒》2011 年第 2 期,第 141 页。

② PIETARINEN A-V, DAI W W & ZHAO X Z. Extensions of Charles S. Peirce: an interview with Ahti-Veikko Pietarinen. 《符号与传媒》2014 年第 9 期,第 23 页。

一性就无法得以保持。在对他者漠不关心的幻象中，在每个人自己的视角、价值观系统、想法和声音中，对话主义得到了最强烈的展示。"①

在这一视角下检视中项漩涡何以存在，就不难发现：正是因为中项在对自我（正项）的认同中，包含了对他者（异项）敞开的潜能，它才能够在对话动力的驱动下不断进行"试错"，寻求文化发展的各种可能方向；也才因此成为非正非负、亦正亦负的多种文化现象的混杂。标出性在格雷马斯方阵各项之间的变化移动，其实就是这些元素之间进行对话的过程。就如任何符号和文本都不可能是单音、单义的，标出性模式中的非标出项和标出项都是复数形式的，它是无法被降低至单音或一元的所在。而中项作为其间最为宽泛的范畴，尽管在形式上是单项的，在实质上却是多元、多音的，在中项包含的各个元素之间，在中项和正项、异项的关系中，都存在着彼此对话的倾向和可能。② 就如解释漩涡可以从不同方向做出可以成立的多重解释那样，中项漩涡在正负方向上的不停试错，使文化可以向多元方向发展，而不会陷入单一和僵化。

在上文所举的西方婚恋观标出性变化的例子中，标出性模式的对话性得到了很好的展示。首先，对于男性同性恋亚文化这一作为"他者"的异项，中项保持着开放的态度，保留了将其纳入自身范畴的可能。其次，在中项自身的范畴内，滑动在中项与异项边界之间的元素，也在进一步地展开和中项其他元素之间的对话，以求更多地向中项移动，更多地进入中项的范畴之中。这种文化各项之间的彼此关联，就是符号学家们所说的"开放网络"：如果将各种文化现象作为型文本或者符号子系统来看待，那么，正是各个型文本或符号子系统之间的关联性，也就是对话性，推动着中项不断自我更新，是它保持漩涡式存在的持久动力，而这正是文化发展动态性的明证。

文化标出性理论对"正项—中项—异项"的划分，是典型的符号学三分模式，它是一种敞开而非封闭的意义模式，体现了文化动态发展的特征。在这一模式中，中项这一亦正亦负、非正非负的漩涡式存在，是各项之间对话关系驱动的结果，因为各项之间"处于相互作用的流动状态之中"③。这种对话性证明了文化标出性理论在哲学范式上的先进性，以及将其用于多元文化发展描述的无限可能。

---

① PETRILLI S & PONZIO A. Semiotics unbounded: interpretive routes through the open network of signs. Toronto: University of Toronto Press, 2005: 384.
② 赵毅衡：《符号学》，台北：新锐文创，2012 年，第 212 – 213 页。
③ 彭佳：《论文化"标出性"诸问题》，《符号与传媒》2011 年第 1 期。

# 第四节 标出性的对话主义本体

## 一、皮尔斯三分范畴论视阈下的文化标出性理论

美国符号学家皮尔斯被视为当代符号学之父，他对符号学的巨大贡献，在于他建立了以三分法为基础的符号学理论体系，这种三分性被认为是任何开放性的研究体系的基本特征。[①] 除了最为著名的"再现体—对象—解释项"这一符号三分构造之外，皮尔斯对符号类型和符号范畴的划分也是三元式，并且能够相互对应的：现象范畴中的"第一、二性和第三性"能够分别和符号类别中的"像似符、指示符和规约符"相对应。皮尔斯对范畴的三分性大致划分如下：

首先，皮尔斯认为，第一性是一种相关的品质和感觉，它是对象所具有的、混合起来的诸种品质中所突显出来、被感觉到的部分。他写道，"第一性在无限的多样性与多重性的观念中占据主导地位……在某些特殊的、异质的（idiosyncratic）东西总占主导地位"[②]。第一性是符号主体的感受，是在混乱的背景中浮现出来的、对象所具有的某种品质，它来自混乱、异质、原本不可辨认的语境；在被感受到的过程中，还没有被定义和归类；与之对应的，是符号性质中的像似性。

第二性和实际性（actuality）相关：它是符号主体在感受之上进一步形成的判断，是将对象类别化的过程。皮尔斯指出，第二性是"由实际事实组成"[③]的。他写道，"我们能够感受到被带到面前的对象，但我们特别经验到（经验这个词在这里更准确）的却是事件。不能说我们能确切地感受到事件，因为经验事件，需要康德所说的'统觉之综合'而非其他方式，才能形成所必要的那

---

① PIETARINEN A-V，DAI W W & ZHAO X Z. Extensions of Charles S. Peirce：an interview with Ahti-Veikko Pietarinen.《符号与传媒》2014年第9期，第49页。

② 皮尔斯著，赵星植译：《皮尔斯：论符号》，成都：四川大学出版社，2014年，第12页。

③ 皮尔斯著，赵星植译：《皮尔斯：论符号》，成都：四川大学出版社，2014年，第11页。

种区别"①。皮尔斯在此处的用词非常准确："感受"只和符号主体有关，任何有感觉能力的生命体都可以进行感受，完成符号过程的第一步；但"经验"则和记忆有关，只有在记忆的基础上才能判断、分类和区别，这是一个比第一性要更加复杂的范畴和过程。在这个范畴和过程中，比较和判断是必要的步骤，从而形成了区别，也就是对不同类型的认知；但是，它还没有涉及任何法则和规定，如皮尔斯所说，"它是指两种事物之间的那种相互作用，它和任何种类的第三位（或媒介）无关，特别是与任何行为的法则无关"②。和第二性对应的符号性质，则是指示性。

　　第三性，是"一种确定的一般品格"③，是法则（law）或思想（thoughts）。皮尔斯认为，第三性是未来时态的，因为它具有一种能够模塑自身、为自身提供意义模式的反作用力，它是约定俗成的规则，对符号主体将来的行为起着作用："它就是那种通过把某种品质给予未来的反作用力而为其所是的东西。"④第三性之所以和规约性（symbolicity，conventionality）相关，是因为它是约定的法则，是在武断的符号系统中起到组织规则作用的结构。不少符号学家认为，第三性只出现在人类独有的语言文化符号过程中，是最为复杂的符号范畴和过程。规约符的作用和效果必然是社会性、群体性的，它的反作用力是长期的社会文化规则所设定的结果，尽管这种作用往往是符号主体所不自觉的。

　　将符号范畴的第一、二性和第三性分别与符号过程中对对象的感受、判断和理解相对应，对于符号主体认知过程是如何展开以及符号主体的认知能力的阶段发展等问题，都具有很大的启发意义。更为重要的是，它昭示了这样的事实：符号主体对意义的获得是一个双向过程，在符号活动的每一个阶段，符号主体和对象之间都存在着双边的对话关系，即在这个过程中，符号对象的相关品质投射到了符号主体的感知和经验、理解中去，而符号主体又主动地寻求着对象的相关品质。在皮尔斯看来，所有现实都是符号构成的、主体性的，因此，"符号范畴就是本体范畴"⑤。既然对话主义存在于所有的符号范畴之中，存在于每一个阶段的符号活动之中，那么，所有的现实存在在本体上就是对话主义

　　①　CP 1. 336.

　　②　CP 1. 323.

　　③　CP 1. 26.

　　④　CP 1. 343.

　　⑤　PETRILLI S & PONZIO A. Semiotics unbounded：interpretive routes through the open network of signs. Toronto：Toronto University Press，2005：16.

的。皮尔斯说，"正如我们说身体处于动作中，而不是动作处于身体之中那样；是我们处在思想中，而并非思想处在我们之中"；① 这就是说，符号主体永远处于由符号构成的思想中，处于一个永恒的对话过程中：对话主义是符号活动的一个最根本特征。

在皮尔斯的范畴三分视阈下来理解文化标出性模式，就能看到，第一、二性和第三性的范畴能够分别和异项、中项、正项的范畴划定过程相对应，并且，在这个过程中，对话主义一直是其重要特征。文化的异项是由中项所决定的，也就是说，在中项的判断产生之前，它并未被称为异项、并未被标出，也因此还未成为概念上的他者——尽管它此时已经存在，和"自我"之间的关系已经产生。正如第一性，即像似性只是相关品质之浮现，它来自混乱和无序的背景之中那样，异项也代表着混乱、无序、难以命名的状态。这种混乱是需要正项所代表的秩序和自律来整合的，但在中项对正项的认同，即判断项产生之前，这种文化整合的功能尚未发生，中项和正项对异项的联合排拒也还未形成。

第二性是范畴判断或反应，它涉及至少属于双方的比较和对立关系，最为简单的表现就是对自我和他者的范围划分。当然，在更为高级的符号活动中，符号主体对符号对象属于什么范围的判定是非常复杂的，可能涉及更为细致也时常重叠的范围区分。在文化标出性的模式之下，中项对"自我"和"他者"的判定，也就是标出性得以产生的关键步骤：什么文化现象能够获得中项的认同，从而被设定为"自我"，即非标出项；而哪些文化现象又被其否定而成为"他者"，即异项、标出项？中项对各种文化现象的比较是基于文化经验的、记忆性的，这也符合第二性的特征：它以经验和记忆能力为基础。中项自身能够容纳哪些不同于正项的文化现象，把哪些文化现象排拒标出，不仅是价值取向的风向标，也是文化宽容度的指示符；而这种指示性，也就是皮尔斯所说的第二性。因此，中项判定这个第二性的过程，在标出性形成的整个过程中，是至关重要的。

正项是文化对立中被认同、肯定的部分，它是秩序和法则的象征，是人们所承认的、约定俗成的规则。通常说来，正项是符合人们的价值观和受认同的，它对于整个文化秩序的维持和延续，往往起到强制规定或者示范效应的作用；②

---

① CP 5.289.

② 彭佳、王万宏：《"中项"与文化"标出性"的改变》，《江苏社会科学》2011 年第 5 期，第 144 页。

这种作用是面向未来的，这就和皮尔斯所说的第三性，即规约性的时态是一致的。正如规约性的效果一般是群体性、社会性，并且为符号主体所不自觉的，正项由于没有被标出，常常也就被认为是"正常"的，从而被社会群体所默认。它是"自我"的核心部分，是和作为"他者"的异项截然相反的对立面。然而，就如赵毅衡所指出的，正项和异项的地位并非变动不居，它们永远处于对中项的争夺中；这种争夺其实就是一种对话——和皮尔斯的范畴论一样，标出性理论中的各项也永远处于对话中，处于持续的运动中。这种文化的自组织运动，可以放在另一个理论视阈中来进行考察，也就是洛特曼的符号域理论。

## 二、洛特曼符号域视阈下的文化标出性理论

洛特曼对文化整体机制的关注，最早可追溯到他于 1971 年和乌斯宾斯基（Boris Uspensky）合写的《文化的符号机制》一文，在该文中，两位学者对文化的基本特征进行了初步的描述，认为文化这一符号系统具有边界性、互动性、连续性和集体记忆功能。之后，乌斯宾斯基继续对文艺符号学进行深入思考，而洛特曼则转向了文化研究。1984 年，洛特曼发表了《符号域》一文，首次提出了"符号域"的概念。他认为，符号域是民族文化的载体，是符号存在和运动的空间，也是文化存在和发展的前提和结果。洛特曼认为，符号域具有中心和边缘地区。一方面，中心最发达、结构最严谨的符号系统是一个民族的自然语，是一个文化的核心，是符号域赖以存在的基础。另一方面，中心地区也是一个彼此竞争的文化聚合体，处于中心区域的元典性文本是文化自我描写的原型结构。这些文化元典反映了各民族长期积淀下来的深层文化心理结构，保存着一个民族最有价值的信息。而在符号域边缘形成的文本则相反，它们所再现的符号现实与"理想"准则大相径庭，反映的是一个充满偶然性和混乱的世界，往往被主流文化视为"不存在"。由此可见，中心与边缘的性质是不同的：文化空间的中心具有非常强的组织性，但也正因如此才逐渐失去了动态性，变得不灵活，不适宜发展；而边缘文本正相反，由于自身的不确定性，因此非常活跃，具有很强的发展潜力，并能形成强烈的张力，产生未来的文化语言。因此，文化的发展交织着有序结构对无序结构的侵入过程和无序结构对有序结构的侵蚀过程。在历史发展的不同时期，某一种趋势会占据上风。

此外，符号域还具有边界，它既区分自我与他者，也将内部和外部联系起

来。边界具有双语性，是对另一个符号域的联结，任何外来文本，都必须经过边界的转换，也就是自然语的过滤，才能转化为符号域内部能够被理解的信息。它就像生物的细胞膜，将外来的文本重新编码，保证其进入符号域之后可以被解码。在这个再次编码的过程中，文本的意义发生了改变。这个边界是区分自我和他者的界限：它使得自我可以确立，在边界内部的文本是有序的、可以辨认的、能够被解释的，而边界外部的文本是无序的、混乱的、无法辨认的；只有当边界的双语机制对其进行转换之后，才由他者转化为自我，能够被这一文化所辨认和解释。在符号域内部的各个系统之间也存在着边界，边界所区分出来的各个系统之间的文本要进入另一个系统，也必须经过符码转换。这就使得每一个信息都经历了多次传递和变形，意义在各个层面都被激发出来，进而生成新的信息。

因此，整个符号域的结构大体上可以分为三个部分：符号域外部、边界和中心。符号域的外部是非符号域（non-semiosphere），或者说其他的符号域，它是文化所不能辨认的模糊星云，是绝对的他者，完全的异质性存在。边界是对文化的自我和他者的区分，也是判断符号域内部文本属于哪个系统范围的界限。从边界到符号域的中心会经历秩序性由弱到强的辐射区域，直到抵达符号域的中心。它是文化的自描述机制，是同质性最高的部分，决定着文化的整体认同，是绝对的自我。但是，整个文化是动态发展的，处于符号域外部的文本也可以经由边界的过滤翻译而进入符号域之内，处于边缘地带的文本意义也可能在适当的条件下得到复活并进入符号域的中心区域。因此，符号域的自我与他者也并非一成不变，而是处于持续的对话和变动中。

就如符号域各部分的文本永远在互动和变化那样，文化标出性也是在不停地变化之中。在提出这一理论模式之时，赵毅衡就写道，"对立文化范畴之间不对称带来的标出性，会随着文化发展而变化。文化的发展，就是标出性变化的历史"①。他以性别装扮的标出性演变为例来说明这个问题，并指出："正项异项翻转后，被颠覆的正项会以边缘化异项方式部分持久地保留下来。在今日亚文化（同性恋界、男妓、戏曲）中，依然有不打扮的女人和刻意打扮的男人。……亚文化依然是文化的异项，只是把与文化的历时对立，变成共时存

---

① 赵毅衡：《符号学原理与推演》，南京：南京大学出版社，2011年，第288页。

在。"① 正项成为亚文化，也就是成为异项，从而被标出。

作为异项的亚文化与正项共时存在，这一描述和符号域的结构非常类似：符号域边缘部分的文本并不会终结，而是暂时消失在主流文化的视野之外，一旦拥有合适的条件，文化就会立刻复活，试图进入符号域的中心。在更多的情况下，这种暂时的消失其实是由于主流文化的屏蔽造成的，亚文化文本自身会相当醒目地强调自己的边缘地位，加强自我标出，以维持自我的边界。此外，作为异项的亚文化不是单一的而是多元化的，就如上文例子中所提到的，相对于男性不装扮的正项，男性装扮的异项包括了同性恋、男妓和戏曲等多项表现。也就是说，就如符号域的边缘部分一样，异项这一他者其实是混杂的、异质性的；而正项就如符号域中心那样是倾向于同质化的，作为文化的自我，它是稳定的、秩序性的。正项与异项的转换互动，也类似于符号域各部分的文本之间的不断碰撞，正是在这种转换和互动中，文化不断向前发展。

就如符号域理论认为文化具有自紧张机制，能够自我驱动式地向前发展那样，标出性也有"一种自我逆转的内在张力"②。胡易容认为，"标出性"存在着内在的翻转机制，一方面，"不同时期的主导因素变化所构成的文化生态环境的总体变化逼迫正项让位，标出性翻转"③；另一方面，文化存在着试推机制，它是"文化自我延续的一种总体策略"④。这种试推机制决定了文化朝各个方向试错，而标出项就是这种试错的方向所在。在标出性进行试错的过程中，一方面，因为标出性翻转已经成为普遍规律，文化的发展轨迹是有规律可循的；另一方面，在众多标出项中，哪一项能够翻转成为正项是无法预测的，因此，文化的发展也就具有了偶然性。这就和洛特曼对于文化发展轨迹的看法不谋而合：文化是渐进式的规律发展和爆炸式的突变发展交替进行的产物，文化的发展充满了不可预测性。这种文化的试错机制，推动着整个文化持续前进。

非常有趣的是，胡易容在描述标出性的试推机制时，把文化比喻为生物性的存在。他说，"多样性不仅是生物基因自我延续的最佳策略，恐怕也是文化保存的绝佳方式。……'文化自我试推机制'代表着文化的多元与兼容，是标出

---

① 赵毅衡：《符号学原理与推演》，南京：南京大学出版社，2011 年，第 289 页。

② 赵毅衡：《符号学原理与推演》，南京：南京大学出版社，2011 年，第 291 页。

③ 胡易容：《论文化标出性翻转的成因与机制——对赵毅衡一个观点的扩展》，《江苏社会科学》2011 年第 5 期，第 141 页。

④ 胡易容：《论文化标出性翻转的成因与机制——对赵毅衡一个观点的扩展》，《江苏社会科学》2011 年第 5 期，第 141 页。

项必然被社会包容的深层次原因"①。这一看法再次和洛特曼的观点相印证："符号域"一词本身就来自于生物学中的"生物域"（biosphere）一词，而且，"符号域"作为自生系统，本身就和生命体的结构类似。洛特曼的符号学理论强调对话，强调多元；而对话、互动和多元，也是将文化二元对立破解为三元动态关系的文化标出性理论的特征。由此可见，标出性理论和符号域理论在结构范式上其实非常相似，具有很强的动态性、开放性和对话主义。

## 三、"实质性对话"：文化标出性理论的范式特征

在皮尔斯范畴论和洛特曼符号域理论的视阈中，本部分意在指出，文化标出性理论其实是一个以对话主义为本体的符号学模式。之所以说它是对话本体，盖其原因，它的对话主义是"实质上"的，而不仅仅是形式上的，这也是意大利的巴里符号学派的重要观点——所有的符号关系都是对话主义的，是一种"实质性对话"（substantial dialogue）。

在《符号疆界：从总体符号学到伦理符号学》一书中，巴里符号学派的新一代学术领袖苏珊·佩特丽莉从符号学的角度对巴赫金对于"实质性对话"的看法进行了讨论。她认为，符号主体的任何感知、经验和理解都是对话主义的，因为它必然是在和他者的关系中出现的，是对他者的反应或者应答。他者既可以是外部的，也可以是存在于主体中的，如洛特曼所说的文本的"我—我"传播模式就是如此。"实质性对话"和"形式上的对话"（formal dialogue）不同，它不是指实际的符号过程或现象中对话者或者声音的多寡，而是自我和他者互动的条件与可能。佩特丽莉写道，"回到实质性对话思想和形式性对话思想的分野上，'实质性的对话思想'，如巴赫金所澄清的，并非是由文本的对话形式所决定的（譬如柏拉图所撰文本中的苏格拉底的那些对话），而是由或许采取或许不采取对话形式的某文本中的对话思想程度所决定的。换言之，决定实质性对话思想的，是朝向他性开放的（或高或低的）程度"②。在实质性的对话关系中，作为主体的自我是包含着他者、朝向着他者、倾听着他者的；即使是在主

---

① 胡易容：《论文化标出性翻转的成因与机制——对赵毅衡一个观点的扩展》，《江苏社会科学》2011 年第 5 期，第 141 页。

② 苏珊·佩特丽莉著，周劲松译：《符号疆界：从总体符号学到伦理符号学》，成都：四川大学出版社，2014 年，第 54 页。

体既是符号发送者，又是符号接收者和阐释者的符号过程中也是如此。

佩特丽莉在讨论所有符号过程的对话主义时，是将其放置在总体符号学的框架下来进行分析的，也就是说，所有生命体的符号活动其实是一个相互联结、彼此敞开的符号网络，这个符号网络处于永恒的互动之中。这种彼此联结和敞开是一种可能和条件，并不是用来讨论某一个具体的符号主体如何与另一个具体的符号主体相联系。遵循这一思路，就不难明白文化标出性的"实质性对话"特征：正项、中项和异项之间的彼此联结和敞开，也是一种可能，是它们互动的基本条件，而不是说，这个模式必须找出每一个文化现象和另一个相反的，或者不同的文化现象之间的关系。作为非标出项（正项和中项）的自我始终是面对着作为标出项（异项）的他者的，并且有可能包含这一他者——当中项认同发生变化时，这种可能就会实现。

此处可以用一个简单的例子来说明标出性模式的这种"实质性对话"特征。在性关系的正常与非正常二元对立中，首先，异性之间的婚内性关系是显而易见的正项，很大范围内的中项，也就是没有进入婚内关系的大多数未婚社会成员，都对其采取了认同的态度。而"非正常"的性关系，即被标出的异项，则是一个混杂而多样的存在，它可能包括了婚外同性关系、婚外异性关系、婚前同/异性关系等多种现象。然而，正如前文所说，标出性的各项并非变动不居，而是处于恒久的互动和变化之中，在婚姻关系和性关系日益宽松化的今天，中项的范围越来越扩大，至少婚前异性关系已经悄然进入了中项的范畴，不再为所有社会成员所不齿。中项面对着异项并且包含了异项，这种对他者的开放和容纳，是"实质性对话"，也就是对话条件始终存在的一个证明。

不仅中项面对异项、包含异项，和异项截然对立的正项往往也是如此。从公元 2 世纪开始，随着大公教会（Catholic Church）的兴起，女性神职人员逐渐被驱逐出教会，对待女性的态度日趋严厉，并且，《圣经》中的夏娃及其他宗教中的女神、女祭司都被作为"罪"的象征而大受鞭笞。然而，随着基督教进一步发展，尤其是 12 世纪之后，异教崇拜已经被扫清，教会对于女性的态度也有所松动，在西欧兴起了大规模的圣母玛利亚崇拜。研究表明，圣母崇拜吸收了日耳曼原始宗教中的丰产女神崇拜因素，因此在农民中受到相当高的欢迎度。① 圣母崇拜作为教会所肯定甚至推崇的正项，它囊括了异项的因素，是在和异项的互动与对话中形成的。由此可见，不单是中项包含着异项，正项也包含着异项——它们之间的对话关系是始终存在着的。

符号过程中"实质性的对话关系"是本体性的，也往往是批判性的：佩特丽莉写道，"'实质性对话'与'积极回应的理解'（responsive understanding），是基于创造性倾听、检讨和批判能力的，即是以对话主义的批评和对他者的回应作为基础的"②，也就是说，这种对话关系经常要求符号主体做出反思和批评。而赵毅衡在谈到标出性的机制成因时就指出，艺术和文化的其他批判力量，是标出性形成的重要动因。③ 彭佳则认为，"艺术不仅仅只是一种满足'异项美感'的展示性作品，作为文化潮流和批评性的文化力量，它驱使中项向自身靠拢"④。当艺术创作和文化批判相结合，异项的翻转或者说部分翻转，就有可能实现。异项作为艺术和批评对正项的冲击与反思，就是一种检讨和批判，是对他者的回应，这符合佩特丽莉所形容的"实质性对话"的特点。从以上几个方面可以看出，"实质性对话"是文化标出性理论的基本范式特征。

作为符号学的重要理论，文化标出性模式提出的三元动力关系不仅皮尔斯范畴论和洛特曼符号域理论可以相互对应，还和这两种重要的理论模式一样，具有本体上的对话主义。可以说，"实质性对话"是标出性模式的基本范式特征，证明了这一符号学模式的先进性与多元性。

① CUNNEEN S. In search of mary：the woman and the symbol. New York：Ballantine Books，1996：170.

② 苏珊·佩特丽莉著，周劲松译：《符号疆界：从总体符号学到伦理符号学》，成都：四川大学出版社，2014 年，第 352 页。

③ 赵毅衡：《符号学原理与推演》，南京：南京大学出版社，2011 年，第 291 页。

④ 彭佳：《论文化"标出性"诸问题》，《符号与传媒》2011 年第 2 期，第 72 页。

# 第三章

# 生态艺术论

…… ……

## 第一节　试论艺术与"前艺术"：生物符号连续论

艺术是文化的产物，这一点毋庸置疑。然而，除此之外，艺术也是艺术创作者生理愉悦和冲动的表达，这点在不少艺术评论中都有所提及。柏拉图就指出，诗歌艺术是非理性的迷狂驱动；席勒和斯宾塞认为，艺术起源于性欲和游戏中的快感；格兰特·艾伦（Grant Allen）则提出，艺术必然伴随着神经能力的愉悦刺激。当代艺术评论家亚德里安·派柏（Adrian Piper）在提出其著名的"艺术恋物论"时也指出，生产和观看艺术物品，都会使人产生愉悦的感观和美感。生理愉悦被视为艺术的缘起及创作冲动之一，这已是几乎不辩自明之理。艺术创作中的生理因素，使得不少学者在审视其缘起，尤其是它和动物的"歌舞""绘画"之关联时，往往采取神经生物学的视角来进行讨论。然而，神经生物学作为自然科学，是否足以洞悉人文现象的复杂与幽微？尽管跨学科已经成为不可避免的趋势，但人文学科本身不可能完全变身为实证性的、解剖式的自然科学，而是应当借鉴其研究成果，从思辨的路径，来考察艺术与动物的"前艺术"符号之间所具有的关联和差别。本节所进行的讨论，就是这方面的一个初步尝试。

### 一、艺术的生理基础：神经生物学研究的不足

艺术有着生理基础，这是一个被不少批评家讨论过的问题。其中的主要观点之一认为，艺术作为人类情感、技巧、才智和想象力的产物，和动物的装饰一样，是一种展示自我能力的方式。在这方面，达顿（Denis Dutton）的观点颇具代表性。在其著名的《艺术本能：美、愉悦和人类进化》（*The Art Instinct*：*Beauty*，*Pleasure*，*and Human Evolution*）一书中，达顿写道："在描述性或艺术性的每一次话语行为之下，都潜藏着健康检视的概念。人们不断地从他们同伴语言是否清楚或平淡上，来对他们进行判断。高超地使用大量词汇的能力，复杂的语法建构，以及惊奇、风格、连贯和清晰等要素，这都和我们对人的判断有关。艺术有意识地使用这样的语言，从这些方面可以判断出它们揭示了说话

者或作家的哪些特征。"[①] 他认为，艺术融合了生理本能和文化创造，它的许多特征在动物类似艺术的行为中都可以窥见，但同时，艺术超越于动物的"类艺术"之上。达顿为艺术列出了十二条重要特征，分别是"批评"（criticism）、"特别的主题"（special focus）、"智力上的挑战"（intellectual challenge）、"艺术传统和制度"（art tradition and institution）、"想象经验"（imaginative experience）、"直接的愉悦"（direct pleasure）、"技巧和技艺"（skill & virtuosity）、"风格"（style）、"新颖和创造力"（novelty & creativity）、"再现"（representation）、"可表达的个体性"（expressive individuality）和"情感浸透"（emotional saturation）。[②]在这十二条特征中，既有形而上的意识驱动，如想象和智力挑战，也有文化动力的结果，如艺术传统、制度和批评；同时，也不乏生理冲动，如情感的浸透和愉悦感。达顿清晰地指出，在艺术创作中，生理本能起到了很大作用，推动着艺术家的个体表达和创造力发展。

由于生理本能是人类和动物所共有的，同时，动物也有"歌唱""舞蹈"等行为，不少研究者都从生理角度出发，来讨论艺术和动物类似艺术之行为的差别。现有研究已经证明，雌性哺乳动物通过释放出神经肽和后叶催产素，雄性哺乳动物通过释放精氨酸升压素，可以产生强烈的愉悦和快感；而安多酚、多巴胺和脑啡肽的产生，则有利于哺乳动物产生愉快情绪、安定感和情感认同。当哺乳动物，如灵长类动物，在发出和接收"舞蹈""音乐击打"等行为时，脑神经就会分泌出这样的激素，使得它们可以产生愉快的感觉，并彼此认同。[③]而人类的大脑在接收具有美感的艺术符号时，或者说在进行美的艺术创造时，也会分泌出同样的但更为大量的激素，引发类似的但更为强烈的情绪和感觉。究其原因，是在人类发展的漫长过程中，随着部落的逐渐形成，人类发现群体成员之间的情感认同和互动越是丰富和强烈，就越能够在哺育后代、保卫领地和劳作分工等事宜上获得更高的效率，生存率也能够大大增加。人类的大脑适应了这一变化，发展出更为高级和发达的情感神经机制，这是人类艺术情感活

---

① DUTTON D. The art instinct：beauty，pleasure，and human evolution. New York：Bloomsbury Press，2009：174 – 175.

② DUTTON D. The art instinct：beauty，pleasure，and human evolution. New York：Bloomsbury Press，2009：52 – 59.

③ KEVENE E & CURLY J. Vasopressin，oxytocin and social behavior. Current opinion in neurobiology，2004（4）：777 – 783.

动更为复杂和强烈的生理基础。[①] 迪萨纳亚克（Ellen Dissanayake）在《艺术与亲密：艺术如何产生》（*Art and Intimacy*：*How the Art Began*）一书也指出，同步的音乐、声调和身体摇摆能够使来自不同文化背景的人都产生一种即时的亲密感和相互认同，这是由于规律性的音乐和舞蹈形式能够刺激大脑分泌出产生愉悦情感的神经激素，这种愉悦感是人类歌舞艺术产生的一大动力。[②] 此外，在戈古温（Joseph Goguen）主编的《意识研究期刊》（*Journal of Consciousness Studies*）的特辑《艺术和大脑》（*Art and Brain*）中，不少论者采用计算机技术和神经生物学、认知科学等方法，来验证人类和其他生物的大脑构造和神经反应与美感之间的关系，其技术派特征十分明显。由此可见，神经生物学的研究，的确为艺术的缘起与发展提供了侧面的佐证。

然而，仅仅依靠神经生物学的研究，并不能清楚描述艺术创作中的艺术性和实用性所引起的生理愉悦之差别，亦不足以说清艺术与动物类似艺术的行为之间微妙的关联和不同。尤其是，艺术创作中精神性的、形而上的愉悦感和生理活动形而下的快感，如何能通过神经生物学的研究来加以分辨，这是一个至今悬而未决的难题。意大利符号学家莱昂（Massimo Leone）就质疑道："人类关于神经生物学的知识无论发展到什么地步，都不应该排除这样一种可能，即从系统上讲，神经生理学都不足以解释诸如语言、意义和文化等社会现象，也就是说，在人类神经生理上产生的那些社会现象十分复杂，已不再是仅仅靠其生理基础就能解释清楚的。"[③] 赵毅衡亦认为，在人文学科中纯粹照搬神经生物学的量化方法，有着"取消思辨的质地和人文性质"[④] 的危险，对此，作为人文学科的符号学需要保留必要的谨慎。我们当然应该对跨学科的研究持欢迎态度，然而，在对艺术与动物类似艺术行为之关系的考察和分辨上，人文学科的思辨始终应当是讨论的基本进路。生命符号学将生物学和符号学相融合，在借鉴生物学研究成果的同时，坚持以符号学理论体系来考察人文学科的各种问题。在此视阈中，艺术与动物类似艺术行为之间的关系和差别，或许能够得到较为清楚的辨析。

---

① HRDY S B. Mothers and others：the evolutionary origins of mutual understanding. Cambridge：Belknap Press，2009：235 – 249.

② DISSANAYAKE E. Art and intimacy：how the art began. Seattle：University of Washington Press，2000：160.

③ 马西莫·莱昂著，钱亚旭译：《从理论到分析：对文化符号学的深思》，《符号与传媒》2013 年第 2 期，第 116 页。

④ 赵毅衡：《关于认知符号学的思考：人文还是科学?》，《符号与传媒》2015 年第 2 期，第 113 页。

## 二、动物的"前艺术"符号与动物美感

1979 年，西比奥克在著名的期刊《符号学》（*Semiotica*）上发表了《艺术的雏形》（*Prefigurations of Art*）一文，该文经修改后，于 1981 年收入了由理查德·T. 迪乔治（Richard T. De George）主编的《符号学诸主题》（*Semiotic Themes*）一书中。西比奥克指出，根据伦施（Robert Rensch）的研究，在猿猴、乌鸦和鱼类的行为中，都存在着大量的"原艺术现象"（protoaesthetic phenomena）[①]。不论是猿猴的绘画、乌鸦对巢穴的装饰还是鱼类的舞蹈，都包含了能够引起艺术美感的三个因素：对称性、对相似的构成部分有规律的重复，以及弧度的连贯性。在此基础之上，西比奥克对动物的"前艺术"行为进行了讨论，他认为，存在着四种"前艺术"符号，即动觉符号（kinesthetic signs）、音乐符号（musical signs）、图像符号（pictorial signs）和建筑符号（architectural signs），其中，动觉符号主要指的是动物的"舞蹈"，音乐符号指的是动物的"歌唱"，图像符号和建筑符号，则主要指的是动物的"绘画"以及它们修筑和装饰的精美巢穴。[②]

西比奥克认为，尽管"前艺术"符号并不是真正的艺术，但在这些符号中，已经出现了艺术的部分特征。首先，动物的这些符号行为中有着情感驱动，而情感驱动可以视为艺术的缘起之一。他指出，在鸟类和猩猩的"舞蹈"中，都具有情感交流的成分，而在鸟类的"歌唱"中也是如此。其次，这些符号还表现出初级的"非实用性"，即动物在其实用功能之外的个体偏好。尽管动物的这些符号行为都有着很强的实用性，如鸟类的"歌唱"其实起着昭示领地和吸引配偶的作用，但是，这并不意味着它是纯粹实用的；相反，鸟类在歌唱中显示出了对不同音调的辨别和欣赏能力。比如，赖纳特（Jurgen Reinert）的研究就表明，寒鸦能够辨别出音乐合奏中不同乐器的声音，并对某些特定的音调和音高显示出偏好。西比奥克写道："很多鸟类都具有根据音高变化而变调的能

---

[①]　西比奥克文中对 aesthetic 一词的用法不宜译为"审美的"，而应当译为"艺术的""与艺术活动相关的"之意。对该词的译法，可参考赵毅衡：《都是"审美"惹的祸：说"泛艺术化"》，《文艺争鸣》2011 年第 7 期，第 15 – 18 页。只有当本书涉及动物审美（animal aesthetics）问题时，才译作"审美"。

[②]　SEBEOK T A. Prefigurations of art//RICHARD T D G. Semiotic themes. Lawrence：University of Kansas Publications，1981：183 – 185.

力……我认为其本质在于，从伴奏中选择某种特定的声音序列，即一个音调，并将其从同时演奏的声音序列（即复调）中甄别出来。"① 这种对乐音进行细致辨别的能力，是鸟类在长期进化中发展出来的感知力，这和生物符号学的前沿议题，即动物美感（animal aesthetics，zoo-aesthetics）与动物的符号感知系统的关系相关。

在图像符号和建筑符号中，动物对形式的细微感知力及由此发展出的个体偏好也非常明显。西比奥克以澳洲园丁鸟为例来讨论这个问题，他指出，园丁鸟在装饰自己巢穴的过程中，有对整体颜色搭配的审视和调整行为，也显示出对某种固定的颜色和模式的偏好。它们对装饰巢穴的材料的色彩和质地都有严格的要求（比如，它们会拔掉开始枯萎的花朵，换上刚刚盛开的新鲜花卉进行装饰）。而且，尤为重要的是，园丁鸟的美感和人类的美感有一定程度的相通性，"由此看来，难怪第一位发现园丁鸟巢穴的自然学家贝卡利（Odoardo Beccari）一开始将其误认为是当地土著小孩修建的游戏房！"② 动物对建筑材料和装饰物的选择是整体性的，在颜色、形状上都有着和谐的搭配，西比奥克将这种美感体验称为"复杂的格式塔"③，它是以精密的、高度发展的神经感官系统为基础而发展出来的，对形式、色彩等要素的感受能力。这种对形式的感觉与偏好，是动物"前艺术"符号产生的驱动力。

曼杜奇（Katya Mandoki）指出，动物的符号感知系统有第一、二、三性三个维度。④ 第一个维度，也就是第一性，是对环境中相关信息的感知，这种感知是由动物种群的"先天设计"决定的。例如，虱子通过嗅觉感知到哺乳动物汗液中的酸性物质，或者说有飞行能力的昆虫靠平衡器来感知不同环境中的重力等，它涉及的是个体的感知。第二个维度，即第二性，是通过分辨、判断来进行对配偶的选择，这就进入了两个身体的感知范畴，包括对彼此体格、速度、外表的感知。尽管这个维度的感知是以实用目的（繁衍后代）为导向的，但不

① SEBEOK T A. Prefigurements of art//RICHARD T D G. Semiotic themes. Lawrence：University of Kansas Publications，1981：194.

② SEBEOK T A. Prefigurements of art//RICHARD T D G. Semiotic themes. Lawrence：University of Kansas Publications，1981：198 – 199.

③ SEBEOK T A. Prefigurements of art//RICHARD T D G. Semiotic themes. Lawrence：University of Kansas Publications，1981：207.

④ MANDOKI K. Zoo-aesthetics：a natural step after Darwin. Semiotica，2014，198（9）：63 – 64.

同种群的动物所秉持的判断标准已经表现出对色彩、形状、音色的美感追求。第三个维度，即第三性，是群居性的动物通过集体式的感知模式，来进行分工和交流，如蜜蜂的"8 字舞"、鸟群的飞行队伍变换等，这些符号已经带有规约性，通过特定的法则在群体内部起作用。在这个范畴的符号感知中，符号的情感表达和分享性也非常明显，共同的愉悦感在成为群体认同的要素时，也增强了动物感知的精细程度。由于动物符号活动的功能圈是意义累积的，在长期的进化过程中，越是高等的动物越是发展出更高、更精细的美感体验能力，如鸟类的听觉美感能力高于鸣虫类，而灵长类动物的视觉美感能力高于其他的哺乳动物。尽管不同种群的动物由于感知神经系统的不同，美感体验也应当是互有差异的，但在视觉上，它们对色彩的明亮程度与和谐度，以及对形状的规则性、对称性和平衡性的偏好是共同的，这也和人类的美感颇有共通之处。

生物学研究普遍认为，鸟类用石块、花朵、金属等对巢穴进行繁复的装饰，是雄鸟向雌鸟展示自己的力量和耐性的方式，因为装饰巢穴是一项相当耗费体力的工作。然而，在这个过程中，鸟类却发展出了自己的"美感"。根据恩德勒（John A. Endler）等人的研究，园丁鸟在选择装饰巢穴的材料的色彩时，主要的标准是这些色彩能够衬托出自身的羽毛色泽以及周围的环境，使自己看上去更具有吸引力；而遮蔽自身羽毛色彩的颜色，是园丁鸟最不愿意选择的。并且，同种的园丁鸟在色彩选择上也存在着细微的个体差别。[①] 由此可见，园丁鸟装饰巢穴的行为虽然是以实用性为目的的，但它却在其间发展出了自己独有的美感：它在色彩上的选择尽管还带有实用性，却也已经是个体的、美感性的，已经具有初步的艺术特征。

动物的这种美感，在它们的"歌舞"中也有所体现。澳大利亚学者卡普兰（Gisela Kaplan）广泛搜集了动物神经学家的研究成果，并指出，鸟类（包括鸣禽和非鸣禽）已经具有相当复杂和精妙的辨音能力，这种能力可能源于鸟类判断同类领地远近的需要。同时，一方面，鸟类对乐调也有惊人的记忆能力，这种能力是在求偶活动中累积的，雄鸟必须记住在上一个求偶季或求偶过程中，

---

① ENDLER J A & DAY L B. Ornament colour selection, visual contrast and the shape of colour preference functions in great bowerbirds, chlamydera nuchalis. Animal behaviour, 2006, 72 (6): 1405 - 1416.

哪些乐调更容易受到雌鸟的青睐，才能够更加有效地进行下一次求偶行为。①
另一方面，在动物求偶的过程中，情绪分享的重要性也是显而易见的，因此，
某些动物的歌唱也带有"即兴创作"的成分，即使用相对自由的组合来表达即
刻的情绪。② 尽管鸟类和鲸类、猿类求偶时的鸣叫，作为符号组合，它的变化
和音调选择、搭配非常有限，远达不到人类音乐创作的水平，但这种即时的创
作性，是它们在生理驱动下发展出超越直接效果、具有某种"无用性"的"前
艺术"能力的重要表现。她认为，尽管动物的歌唱源于传达领地所有权、求偶
等生理需求，是一种生物符号，但是，动物却就此发展出了对音乐的某种欣赏
能力。她引证了大量的动物行为学实验来论述人类的音乐作品对动物起到的安
抚和治疗作用。并且，不少鸟类，比如澳洲喜鹊，在其歌唱已经达到了预期的
功能目的（求偶）之后，还会持续地歌唱，甚至有意识地磨炼自己的歌唱技巧
或进行重新的"创作"，这说明鸟类对于自己的歌唱是具有美感或愉悦感的。③
这种行为已经明显地脱离了实用性的范畴，此时的歌唱已经不再是传达实用信
息的符号，而是明确的"前艺术"符号。这种发展不是生物的功能圈这一先验
结构的本来预设，而是在意义累积过程中所衍生的另外结果，而这种意图之外
的结果，再次说明了生命体这一符号主体的进化发展和意义符号活动的不可预
测性。对此，科布利（Paul Cobley）有着精妙的评价：动物的主体世界尽管是
实用性的，却产生了具有"非实用性"的符号活动，正是这种矛盾性推动了物
种的繁衍和发展，也促进了"前艺术"符号的进阶演化。④

　　同样的，在动物的"画作"中，它们的美感也已经呈现。通过对黑猩猩阿
尔法（Alpha）和刚果（Congo）的"画作"以及其他灵长类动物的"绘画"进
行研究，动物学家们发现：首先，猩猩在"作画"及"画作"完成时表现出极
大的愉悦感；其次，阿尔法和刚果的"画作"都表现出了对平衡感、空间感的
控制，其他灵长类动物，如猴子，在选择色彩上也表现出对亮色系的偏好。并

---

① KAPLAN G. Animals and music：between cultural definitions and sensory evidence. Sign systems studies, 2009, 37（3）：75–101.

② KONISHI M & AKUTAGAWA E. Neuronal growth, atrophy and death in a sexually dimorphic song nucleus in the zebra finch brain. Nature, 1985（315）：145–147.

③ KAPLAN G. Animals and music：between cultural definitions and sensory evidence. Sign systems studies, 2009, 37（3）：429–436.

④ COBLEY P. Enhancing survival by not enhancing survival：Sebeok's semiotics and the ultimate paradox of modelling. The American journal of semiotics, 2014, 20（3–4）：191–204.

且，阿尔法和刚果在"作画"时还有较为稳定的"主题"选择，如扇形、对称形状等，这就意味着，动物有着对色彩和形状的感觉和喜好。① 正是因为这些"前艺术"的"绘画"表现出的和人类绘画艺术之间的共性，画家和艺术批评家德斯蒙德·莫里斯（Desmond Morris）才会提出，黑猩猩的"画作"中的艺术秩序感和美感，与原始艺术的缘起可能有非常重要的联系，应当用生物学的方法来加以研究和讨论。② 勒拿（Thierry Lenain）则指出，艺术界对灵长类动物"绘画"的兴趣缘起于以波洛克为代表的"泼画"（action painting）成为热潮之时，这两者之间的形式关系颇有渊源。③ 而不少研究者认为，波洛克的画作之所以在观众看来充满动感，是因为大脑中的镜像神经元起了作用，能够使观众自动在脑海中模拟绘画的动作过程。这种镜像神经元只有灵长类动物的大脑才具有，这就为勒拿的观点添加了一个有趣的认知学注脚。

然而，尽管动物已经有了初步的"前美感"表达，为什么它们所制造的符号只能被视为"前艺术"的，而不是艺术符号？在"前艺术"符号和艺术符号的差别和连续性之间，什么符号机制起到了决定性的作用？这个问题极其复杂，至今尚无定论。在这方面，符号学家们进行了持续的争论和探索。

## 三、"前艺术"符号与艺术符号区分之关键

对于西比奥克将黑猩猩的舞蹈视为人类舞蹈艺术雏形的看法，著名的人类学符号学家瑞德·威廉姆斯（Drid Williams）在《艺术的雏形：对西比奥克的回应》一文中表示了明确的反对。他指出，动物的"舞蹈"和人类的舞蹈之间存在的是质的差别，而并非程度的差异，因此，所谓动物的"舞蹈"并不能被视为人类舞蹈的雏形或先声。威廉姆斯的主要论点如下：首先，动物的"舞蹈"行为是不能脱离固定的语境的，因此是即刻的、此地的，而不能在不同的时空中复现；其次，动物的"舞蹈"是不具有修辞性的，它没有人类舞蹈所具有的、语言式的比喻和提喻功能。故此他认为，动物的"舞蹈"只能称为一种

---

① SEBEOK T A. Prefigurations of art//RICHARD T D G. Semiotic themes. Lawrence：University of Kansas Publications，1981：200 – 204.

② MORRIS D. Animal days. New York：Morrow & Co.，1980：140.

③ LENAIN T. Ape-painting and the problem of the origin of art. Human evolution，1995，10（3）：206.

"运动"（movement），而不是符号（symbol），不是表演（performance），它和人类舞蹈的性质是完全不同的。①

威廉姆斯认为人类的舞蹈必然是建立在其语言基础之上，具有语言符号系统的特征，这个观点和西比奥克所提出的、作为文化一部分的艺术系统其实是建立在语言这一第二模拟系统之上的看法，并没有什么不同。人类的舞蹈符号具有规约符的性质，尤其是舞蹈自身作为一门门类艺术，其各个子系统都有约定俗成的舞蹈语言，具有象征意义和符形功能，而这些都是动物的"舞蹈"所不具备的——在这一点上，威廉姆斯的观点无疑是正确的。

然而，尽管动物的"舞蹈"行为系统不具有符形功能，但对于它是不是表演这个问题，则另当别论。事实上，在黑猩猩的舞蹈行为中，其表演性相当明显。杜福尔（Valérie Dufour）等人的研究表明，黑猩猩能够通过有节奏地敲击树根、摆动身体，创造出类似人类鼓乐表演的动觉符号，来表达自己即时的情绪和感受，并且，这种感受能够被作为观者和听众的黑猩猩理解，形成互动。根据杜福尔等人的分析，黑猩猩的"击鼓"表演已经具有和人类音乐创作非常相似的节奏、韵律和音调起伏，并且带有明确的情绪分享目的。② 这种行为也非常符合对"表演"的宽定义：在 2013 年出版的《表演研究》一书中，杜福尔等人指出，表演就是有意识地将某种行为展示给观众，它不是发生在某物之中，而是发生在两者之间。③ 这就是说，表演具有目的性、展示性和关系性，而展示性，正好是艺术的重要特征。黑猩猩的舞蹈行为，可以说是具有这三种性质的表演，它已经体现出艺术的这一特征，尽管它还不能被视为艺术、被视为已经具有叙述功能的人类舞蹈，但它作为舞蹈的雏形是可能的。海维清认为人类舞蹈是从"身体律动"的前语言发展而来④，其讨论虽然未曾涉及动物的"舞蹈"行为，却从另一个视角证明了从整体上对动物"舞蹈"和人类真正的舞蹈行为进行审视，对于理解符号意义活动发展的进程，具有重大意义。

不少学者都指出，动物的"歌舞"、装饰等，和人类的艺术一样，其实都具有自我展示的功能。然而，如果回到前文所提到的达顿的讨论上，就会发现，

---

① WILLIAMS D. Prefigurations of art：a reply to Sebeok. JASHM, 1984, 4（2）：68 – 90.

② DUFOUR V, POULIN N, CHARLOTTE C, et al. Chimpanzee drumming：a spontaneous performance with characteristics of human musical drumming. Scientific reports, 2015（5）.

③ SCHECHNER R. Performance studies：an introduction. London：Routledge, 2014：27 – 29.

④ 海维清：《舞蹈符号学初探》，《符号与传媒》2016 年第 2 期，第 106 – 119 页。

尽管"前艺术"符号已经有了艺术的诸多特征，如愉悦感、情感浸透、技巧和风格、个体偏好等，但它们却缺乏以下五个重要特征："批评"（criticism）、"特别的主题"（special focus）、"智力上的挑战"（intellectual challenge）、"艺术传统和制度"（art tradition and institution）及"想象经验"（imaginative experience）。①除了"艺术传统和制度"这个文化性的产物之外，"批评""特别的主题""智力上的挑战"和"想象经验"，其实都是建立在符形能力和对符号的反观及抽象能力之上的，也就是说，它们的基础是人类的语言模塑能力。这种语言模塑能力不仅仅是叙述这一符号过程的基础②，也是艺术的基础：艺术能力必然是建立在语言模塑能力之上的——这里所说的语言，并非人类已然成形的自然口头语，而是符号学意义上的、具有抽象和指称功能的、人类独有的符号系统，尽管在它出现的早期，还没有"声音形象"，却已经用其他形式的再现来指代对象，这种模塑能力，是人类所独有的。

米森（Steven Mithen）的研究为这个观点提供了有力的证明。他发现，尽管鸟类和鲸类的歌声在结构上和人类的音乐具有诸多相似之处，但它们的"音乐"其实只是一种前语言（proto-language）性质的交流信号，它是整体性的，每一段音乐表达一种固定的意义，而不能自由组合变化。通过对头颅结构的分析，米森提出，晚期智人之所以能够生产真正的音乐，是因为他们在二十万年前就发展出了对声音符号进行破解和再组合的能力，从而发展出了两套声音表达系统：用以表达情绪的音乐系统和用以传达信息的语言系统。③帕尔勒（Peter Parler）进一步指出，动物的"音乐"之所以不是音乐，是因为它们不具有将音符进行自由再组合的能力。④他敏锐地认识到了人类音乐能力和语言能力之间的共性：对音符和词语的自由组合。从符号学的角度而言，这就是人类最为重要、最独特的符形能力。由此可见，语言这一模塑系统，在推进人类艺术能力的发展过程中，起到了极其重要的作用。

符号学家们已有的研究，已经较为清晰地说明了艺术符号与"前艺术"符

　　①　DUTTON D. The art instinct：beauty，pleasure，and human evolution. New York：Bloomsbury Press，2009：52 – 59.

　　②　COBLEY P. Introduction to the special section "Narrative and Semiosis".《符号与传媒》2016 年第 1 期，第 1 – 5 页。

　　③　MITHEN S. The singing Neanderthals. London：Phoenix Paperback/Orion Books，2006：3.

　　④　PARLER P. Origins of music and speech：insights from animals//WALLIN N L，MERKER B & BROWN S. Origin of art. Cambridge：The MIT Press，2000：31 – 48.

号之间的差别和发展关联；然而，如果从更为整全的视角来看，这些研究有着一个共通的不足之处：它们所讨论的动物"前艺术"符号的例子，往往都是个案，并不具有普遍性。这倒不是说动物的"前艺术"符号总数较少——相反，能够"歌唱"的鸟类、可以"跳舞"和涂鸦的灵长类动物和会装饰洞穴的动物比比皆是。然而，较之于动物的总量，这些并不鲜见的、能够进行"前艺术"符号表达的动物所占的比例就微乎其微了。因此，笔者建议，将"非连续性"（discontinuity）作为"前艺术"符号区别于艺术符号的区分性特征之一，因为，首先是"前艺术"符号的散布，较之于艺术符号在人类不同文化中的普遍存在，是零星而不连续的。①

其次，"前艺术"符号的非连续性还表现在，对于某种动物而言，这些符号不具有审美上的整体意义，而是经过单一渠道接收的感知。如艺术符号学家所公认的，艺术符号最大的特征，就是混成的、整体性的，其整体意义大于局部信息之和；同时，人类艺术所创作的符号文本，可以是多种媒介和表达方式的综合。这种混成的文本，必然含有以文化法则为基础的"噪音"②，而动物的"前艺术"符号，却往往只能通过一种媒介来传达，用一种渠道来感知，例如鸟类的"歌唱"是通过单一声音媒介和听觉渠道来表意和感知，动物对巢穴的装饰符号则是通过单一的视觉渠道来接收的，其意义表达也相当单一，"噪音"存在的可能性很低。与之相对的是，在人类的艺术共相中，对音乐、声乐、节奏、舞蹈、诗歌修辞、词句变化等意义表达方式的多渠道感知③，是所有人类文化共有的，是复合式而非单相的。人类艺术的整全性和连续性，是艺术符号超越于"前艺术"符号的重要标志。

再者，"前艺术"符号的非连续性在于，它的表达、解释和感受不仅仅是种际性（specie-specific）的，在很大程度上，还是群体自限（community-specific）的。例如，黑猩猩的"雨中舞"，在不同的群体中，其节奏、步子不一，因此，某一群体的"舞蹈"对其他群体无法起到情感唤起的作用。跨种际和群体的交流在动物的符号表意中并非不存在——雨林中的猿猴就能够为其他物种的动物

---

① 该观点的提出，受到赵毅衡教授的启发，特此致谢。赵毅衡在和笔者的讨论中提出，动物的"前艺术"符号是零星的、偶发的、非普遍的。
② 何一杰：《噪音法则：皮尔斯现象学视阈下的符号噪音研究》，《符号与传媒》2016年第2期，第179页。
③ 赵毅衡：《哲学符号学：意义世界的形成》，成都：四川大学出版社，2017年。

"示警"——然而，这种"生物翻译"[1] 的符号在总体上而言是少见的。与之形成鲜明对比的是，在很多情况下，艺术符号却是可以跨越社群和文化，为所有人类所感受和欣赏，唤起共同的情感和美学感受。在某种程度上可以说，艺术符号尽管和"前艺术"符号有着相通的生理基础和发展上的连续性，然而，"前艺术"符号在符号主体的覆盖范畴、表达和接收渠道，以及群体接收性上，都是不连续的、跳跃的、不完全的，而艺术符号却是连续的、普遍性的、整全性的。这样的符号学考察，或许能够为艺术符号与"前艺术"符号的分野，增加另一个阐释维度。

## 第二节　从符号学论艺术之生理基础

前文已经指出，艺术和"前艺术"的符号活动有着重要的共同点，它们都建立在生理美感的基础之上；而关键的不同在于，"前艺术"符号活动是"非连续性"的，而艺术符号活动是连续性的。这就牵涉到一个非常基础的问题：动物有美感吗？从动物的美感到人类的审美，其发展进程何如？本节试图从"动物美感"论与符号能力的关系出发，进一步探讨艺术的生理基础，并由此论证生物的符号能力与人的符号能力尽管殊为不同，但生物符号进程的连续渐进性，是生命与符号活动发展共有的基本特征。

### 一、达尔文的"动物美感"论

艺术源自于愉悦和审美，而审美是人类先天的生理基础与文化养成的共同产物：从鲍姆嘉通创立美学研究开始，审美就被视为是形而上与生理的双重维度之物，动物被自然而然地排除在外。但是，"动物美感"的提出者达尔文却明确地指出，动物尽管没有形而上的审美能力，却是具有美感的，这是动物在

---

① 卡莱维·库尔、彼得·特洛普著，钱亚旭、彭佳译：《生物翻译：环境界之间的翻译》，卡莱维·库尔、瑞因·马格纳斯著，彭佳、汤黎等译：《生命符号学：塔尔图的进路》，成都：四川大学出版社，2014 年，第 19 页。

长期的演进发展中进化出来的能力。因此，在美学研究中，对"动物美感"的考察，能够帮助人们找到人类审美和艺术产生的生理基础。

达尔文提出"动物美感"，是在他的第一本著作《物种起源》一书中，该书出版于 1859 年。达尔文明确提出，他想通过对动物的研究，来证明美的产生。在题名为"功利说有多少真实性：美是怎样获得的"的章节中，他旗帜鲜明地反对当时流行的宗教美学观点，即世界上的美是为了人类的审美存在的看法。他认为，人类的审美本身就是有变化的、相对的，而自然界的美有着较为恒定的标准，比如"生长的对称性"，这种美是由"自然选择"所产生的，这在植物的颜色和形态上表现得很明显，它是由有利于昆虫、鸟类识别和由此传播种子的实用效应所驱动形成的，也就是说，这种美观性是在长期的演化和基因传递的过程中累积发展而来的。[①] 由此，可以看到达尔文最重要的美学观点：美是由生物的实用需求催生的。动物美感的产生也是如此，它是由配偶在性选择过程中的偏好所决定的。凭借美好的外形或声音而获得异性青睐的动物，就有更多的机会繁衍后代，传递自我基因。因此，美感产生的基础是基于实用目的，是为了自我存续。[②]

在 1871 年出版的《人类的由来及性选择》一书中，达尔文对这一观点进一步展开了论述。达尔文认为，动物的确存在美丽的形态或者说美感，但是，只有在需要两性进行性选择和繁殖的动物中，才有美感的存在，在较低等的动物中则没有美感一说。他写道："凡是属于低等诸纲的动物，其雌雄两性结合于同一个体之内者并不罕见……几乎可以肯定的是，这些动物的感觉器官太不完善，而且心理能力也太低，以致不能彼此欣赏对方的美或其他魅力。"[③] 从生物符号学的角度而言，这些动物，如腔肠动物、棘皮动物等，它们的符号能力更为接近植物的符号能力，也就是基本的像似性能力：由于没有选择性对象进行交配的需要，它们只需要获取作为事物或天敌的对象的某些极为局限的特征并进行反应，就可以完成自身的存续，因此，达尔文认为它们没有美感体验，是正确

---

① 达尔文著，周建人、叶笃庄、方宗熙译：《物种起源》，北京：商务印书馆，2012 年，第 110 页。

② 达尔文著，周建人、叶笃庄、方宗熙译：《物种起源》，北京：商务印书馆，2012 年，第 110 页。

③ 达尔文著，叶笃庄、杨习之译：《人类的由来及性选择》，北京：科学出版社，1984 年，第 315 页。

的看法。①

　　达尔文指出，正是由于在绝大多数情况下，都是由异性来主导性选择，它们对雄性外形的鉴赏以及由此做出的选择促进了雄性在形态上的发展和变异："在整个动物界中，除了很少例外，当雌雄二者在外部形态有所差别时，总是雄者的改变较大……是雄者寻求雌者，并在求偶中显示出更为积极的态度。"② 这种形态上的改变，可以是用于攻击和争斗时加强战斗力、显示力量的武器，如雄性的梅花鹿、羚羊等动物相互争斗时所使用的角就是如此。但同时，这种形态改变也具有装饰的性质：雄鹿的鹿角越大、越对称和美观，在不发生争斗的情况下获得雌性青睐的概率越大。然而，由于鹿角非常沉重，降低了雄鹿的奔跑和跳跃能力，并且，它使得雄鹿需要相当的活动空间，从而限制了它的觅食范围。这就形成了一个奇怪的悖论：雌鹿择偶时选择鹿角具有美感的雄鹿，是因为大的鹿角可以帮助雄鹿在争斗中获胜，其后代更有可能继承这一基因而增加自身存续的概率；然而，鹿角带来的不便又降低了同样具有这一基因的后代的生存可能，其间的利弊关系相当复杂，是鹿科动物经过长期进化最终发展出来的结果。

　　在达尔文对这方面的讨论中，最为特殊的例子当属孔雀：雄孔雀极为华美沉重的长尾巴妨碍了它的飞行能力和奔跑速度，色彩和花纹的鲜明性也使其不能有效地通过隐藏自我来躲避天敌，这显著地降低了它自身的生存概率。如达尔文指出的，"它们获得的这些装饰乃是以某些能力的损失为代价的。在其他场合中，装饰物的获得则是以增加来自猛禽和猛兽的危害为代价的"③。对这一矛盾，达尔文没有做出明确的解释，但是他在讨论猿类的毛色时指出，雄性猿类的美丽毛色与其体格的健壮是相关的。④ 他认为，动物美丽的外形和充沛的体力常常是联系在一起的，这也就是不少研究者提出的"美者必健，健者必美"⑤

---

　　① 达尔文著，叶笃庄、杨习之译：《人类的由来及性选择》，北京：科学出版社，1984年，第 386 页。

　　② 达尔文著，叶笃庄、杨习之译：《人类的由来及性选择》，北京：科学出版社，1984年，第 268 - 269 页。

　　③ 达尔文著，叶笃庄、杨习之译：《人类的由来及性选择》，北京：科学出版社，1984年，第 511 页。

　　④ 达尔文著，叶笃庄、杨习之译：《人类的由来及性选择》，北京：科学出版社，1984年，第 655 页。

　　⑤ 郭玉越：《论审美的起源—— 一种基于达尔文观点的学说》，《自然辩证法研究》2015年第 7 期，第 113 页。

的原则，因为光泽漂亮的毛色、清脆悦耳的嗓音、为了求偶进行的可以长达数十个小时的歌唱和舞蹈表演，以及花费大量时间和精力建筑和装饰的美丽巢穴，都是雄性动物旺盛精力和健康体格的表现。动物要向配偶证明自己的优良基因，可以不通过流血争斗，而仅仅以展示、"夸耀"自己外形、歌唱、舞蹈或筑巢技巧的方式来进行，这有利于种群的整体存续。由此可见，具有危险性的装饰也可以服务于种群延续的整体目标，这种利害之间的权衡选择是动物的进化结果。

随着动物学研究的推进，达尔文的这一观点得到了实证研究的支持。扎哈维夫妇的研究指出，在动物择偶标准的发展中，存在着一种"缺陷原则"（handicap principle）。发展出巨大装饰物的雄性动物，如孔雀、羚羊等，其实是在用这种装饰物传递一个信号：尽管如此巨大的装饰物是一种缺陷，但由于自身其他方面条件的优越，可以克服这种缺陷生存下来，这说明自己的基因较之于缺陷较小的同类要优越得多。[①] 伯吉斯（Stuart C. Burgess）等人的研究则发现，孔雀尾羽的每一根羽毛都是由相互支撑的结构所构成的——他们将其称为"薄膜夹裹结构"（thin-film sandwich structure），孔雀自身的受力其实比尾羽的总重量要轻。[②] 同时，由于这种结构产生的视觉效果是如此醒目和突出，雄孔雀不耗费过多的体力而展示出自身的雄壮和精力，是一种非常有效的、展示健康体魄、威吓敌人并求得异性青睐的方法。汉密尔顿（William Hamilton）等人的研究更是直接证明了孔雀的尾羽和其健康状况之间的关系。他们指出，由于孔雀、锦鸡、天堂鸟等鸟类都是容易受寄生虫侵袭的种群，而寄生虫的病理表现可以直接通过羽毛的长度、色彩、光泽、对称度和细密程度反映出来，因此，雌孔雀可以通过对雄孔雀尾羽的这些要素的观察和分别，来判定雄孔雀是否遭受寄生虫之害，是否足够健康。[③] 这些研究都表明，达尔文对动物的"装饰物"所做出的推断，即认为美丽和健康紧密相关的观点，是有其合理性的。

同样，动物的"歌唱""舞蹈"以及对巢穴的装饰等所谓的"前艺术"符号活动，也是与其对体力的展示有密切关系的。达尔文认为动物对异性外形、

---

① ZAHAVI S A & ZAHAVI A. The handicap principle: a missing piece of Darwin's puzzle. Oxford: Oxford University, 1997.

② BURGESS S C, KING A & HYDE R. An analysis of optimal structural features in the peacock tail feather. Optics and laser technology, 2006, 38 (4/6): 329 – 334.

③ HAMILTON W & ZUK M. Heritable true fitness and bright birds: a role for parasites?. Science, 1982, 218 (4570): 384 – 387.

声调、舞姿和巢穴的美感其实是基于体力考量的实用考虑，最终的目的是挑选最为强健的伴侣，使后代可以获取优良的基因。这其实和自然选择（natural selection）的原理是一致的：只有最为强健、最具有适应性的个体，才能在竞争和自然淘汰中保证自我的存续。

然而，如果如同新达尔文主义解释的那样，将动物由性选择而产生的美感完全等同于由实用准则驱动的行为，则是一种化约主义的草率看法。达尔文确实承认动物的美感选择是基于实用考虑的，但同时，他也指出了这种美感标准又是没有根据的，雌性动物的选择有时仅仅是因为美丽的外观或动听的声音给予它们愉悦感而已[①]，也就是说，这种选择有不具有实用理据性的一面。雌性动物美感标准的恒定和变化，就是这种美感标准兼具实用理据性和非实用性的极佳说明。一方面，达尔文指出，雌性动物在选择伴侣时有着较为稳定的标准，这种标准是由由来已久的习性决定的，即何种特征能够反映出雄性个体的健康状况，是雌性动物进行美感选择的首要考虑。因此，突然的、重大的变异在自然界中往往是受排斥的，同种类的动物将其视为病态的表现，很难主动接受具有这种特征的个体作为配偶。另一方面，如同达尔文所指出的，新奇和轻微的变化，却是在求偶竞争中脱颖而出的有效方法之一，因为"审美是受许多因素所支配的，但它部分决定于习性，部分决定于对新颖的爱好"[②]。由于这种对新颖、对变化的喜好，雌性的美感也变得差别化了，在能够判断出雄性健康状况的情况下，雌性进行性选择时的标准还在于，对方的展示能否带给自身更大的愉悦感：鸟类羽毛上斑眼的细微变化，"歌唱"中的乐调形式，对巢穴装饰物的颜色和材料的不同选择，这些都表现出动物美感的差异性。就如达尔文所说的，"这种差异性将为性选择提供最好的基础"[③]，为了满足雌性对于差异性的要求，雄性在展示自身的"歌唱"或"舞蹈"技巧以及对巢穴的装饰时，必须在形式上进行某种程度的"创造"，这也是鸟类学家在研究鸟类的鸣唱时，既能找到共同的形式规律，也能找到各种旋律变化的原因。这种"创造"尽管是由生理本能所驱动的，即为了最终获得交配的机会，具有很大的实用目的，但

---

① 达尔文著，叶笃庄、杨习之译：《人类的由来及性选择》，北京：科学出版社，1984年，第601页。

② 达尔文著，叶笃庄、杨习之译：《人类的由来及性选择》，北京：科学出版社，1984年，第601页。

③ 达尔文著，叶笃庄、杨习之译：《人类的由来及性选择》，北京：科学出版社，1984年，第603页。

从它的直接效果而言，仅仅是为了使求偶一方的"作品"产生更大的形式美感，激起"观众"的更大愉悦，它已经具有一定程度的"无目的性"。

此外，达尔文还指出，作为求偶的一方，有的雄鸟在非求偶季节也会出现鸣唱行为，并反复磨炼自身技巧，以求形式上的变化和完美。[1] 筑巢的鸟类会对自己的技巧进行重复的训练，而在对巢穴进行装饰时，它们会对挑选来的装饰品，如花朵、玻璃、贝类等进行再选择和排列。尽管雄鸟的行为是出于生理本能，但也必须以美感能力为基础：如果它们无法分辨和鉴赏不同符号的特征以及由此产生的美感，就无法对自己的作品加以完善。同时，雄鸟在"歌唱"练习中也会与其他练习的雄鸟进行唱和，表现出明显的愉悦感，这也就证明了韦尔施（Wolfang Welsch）所提出的动物的美感仅仅停留在性欲范畴内的观点[2]，是不全面的。猩猩的雨中舞也能证明这一观点的局限性：猩猩在"舞蹈"中因为彼此群体成员的认同和对舞步的共同感受而表现出高度的愉悦感，这是不能用性快感来解释的。由此可见，在动物的美感中，也有纯粹因为符号形式（而非内容）而产生的愉悦感；而形式美感，就是艺术产生的重要基础。

## 二、动物美感与符号能力的发展过程

动物美感缘起于动物性选择时的实用考虑，它激发的是性冲动，在发展的过程中，又超越了实用性和性冲动的层面，演化出了"为美而愉悦"的因素，这是达尔文动物美感论的主要观点。不仅如此，他还进一步指出，人与动物的美感有着共通之处，其首要的表现在于，动物和人在对异性生理之美的欣赏上，都是既有较为恒定的标准，又追求变化的，和时尚颇为相似。他举例说，雄蜂鸟的尾羽是缩短而不是像大部分雌鸟那样延长，这种变化反倒符合雌蜂鸟的美感，这说明在动物圈内也有像人类社会中那样的时尚变迁。

达尔文的这一论述明显缺乏科学依据：蜂鸟因其体型很小，生活习性对飞行能力的要求极高，才发展出了颜色鲜艳但短小的尾部，是为了兼顾性吸引和掌控飞行方向这两项能力而进化出的生理特征，并不是如他所说的，为了新奇和"时尚"而做出的改变。科学论据的不足、人类主观视角和修辞上的松散，

---

① 达尔文著，叶笃庄、杨习之译：《人类的由来及性选择》，北京：科学出版社，1984年，第605页。

② WELSCH W. Animal aesthetics. Contemporary aesthetics, 2004（2）.

是达尔文美学观遭受诟病的最主要原因。普兰（Richard O. Prum）就指出，"达尔文不具有在其讨论的主题中避免人类中心主义的现代敏感"[①]。受当时科学研究条件和学术思想的局限，达尔文在美学研究上的不少表达是不够严谨的，因此，即便是在进化美学论者的讨论中，对达尔文的批评声也是不绝于耳的。

然而，达尔文所认为的、动物和人在对异性生理之美的欣赏上有共通之处的观点，并非一无可取。在《人类的起源》一书中，他提到了人类对光滑、裸露的皮肤的欣赏，并认为这种美感来自猿类等灵长类动物。这种"美感相通"论，不失为一个可以再探求的观点：它为美感的缘起、为生物进化过程的不确定性的研究，都提供了不同的视角。

对于动物与人在美感上的共性，达尔文还提出了具体的标准。他写道："人类和低于人类的动物的感觉似如这样构成的：它们都适于欣赏鲜艳的颜色和某些形态以及和谐的、有节奏的声音，并把这些称为美。"[②] 达尔文的这一论述已经部分地被现有的科学研究所证实。欧索里奥（D. Osorio）和维拉博耶夫（M. Vyrobyev）的研究表明，猿猴和孩童对亮色有着共同的偏好，因为亮色对于大部分动物而言可辨识度高，可以作为明显的信号来传递信息。正因为如此，在自然界的共同进化（co-evolution）过程中，植物的花果颜色变得愈发鲜艳，动物的视觉也发展得更加敏锐和丰富。[③] 这一研究指出了动物和人类色彩美感形成的共同生理基础。而正因为鲜艳的色彩往往是代表着食物或理想配偶的符号（在部分情况下，它也代表着警戒和危险），它容易引发动物的愉悦感，在越是高等的动物中越是如此。

此外，根据达尔文的观察，人类和几乎所有的动物都喜爱对称结构和秩序性。他指出，动物的面部结构和体态是普遍对称的，鸟类羽毛颜色的变化也是两边对称的。尽管不同地区和种族的人类在美感上有着巨大差异，对身体和面庞对称性的要求却是一致的。在人类创造的艺术品中，对对称形式的热爱也随处可见。当代研究指出，动物对对称的喜爱源自于这种形式的易于辨识性，由

---

[①]　PRUM R O. Aesthetic evolution by mate choice: Darwin's really dangerous idea. History and philosophy of the life sciences, 2012（367）: 2254.

[②]　达尔文著，叶笃庄、杨习之译：《人类的由来及性选择》，北京：科学出版社，1984年，第701页。

[③]　OSORIO D & VYROBYEV M. A review of the evolution of animal colour vision and visual communication signals. Vision research, 2008, 48（20）: 2042 – 2051.

于自然界是和动物的认知发展共同进化的，植物也由此发展出了对称形式。①
而具有重大基因缺陷或受过重伤的动物往往是肢体或面部不对称的，这是动物
判断对方健康程度的外观符号，因此，在性选择中，对称性也就是动物美感的
重要标准。斯华德尔等人的研究也表明，对称的外观除了传递动物的健康状况
之外，还有一项重要的功能，就是使外界符号更容易被识别和判断，因此，它
是动物在习得过程中的副产品。动物的习得经验越丰富，就越容易辨认出对象
形态的对称性，并能由此产生愉悦感。通过对欧椋鸟的实验研究，他们证实了
这一结论。② 同样，对人类的视觉认知研究也证明了这一点：尽管婴儿就已经
具有辨认对称形式的能力，但对对称形式的敏感度却是随着人的经验和习得而
增加的，到成人期才达到一个稳定的标准。③ 这说明，美感的确是有生理基础
的，自然界中对称形式的可获取性及生物体外观的对称性与健康状况的紧密关
联，都是动物和人对对称结构产生愉悦感的基础。但另一方面，美感也是社会
性，或者说是社群性的，生物体所属的群体对于对称性的认同，会影响到它们
的认知和判断。美感是生理性和社群（文化）性的综合产物。

　　动物美感能力的发展对当代的符号学研究，尤其是符号连续论提供了有力
的证明，也提出了不少问题。符号连续论认为，动物是具有比较能力的。动物
之所以能够形成"美感判断"，这是以动物的指示性符号能力为基础的，即动
物可以比较，拥有符号记忆的能力。这种符号记忆可以是基因性的，即通过基
因的传递将长期以来积累的、对某种形式的符号的辨认和选择延续下去，如动
物对求偶信号的本能反应就是如此。但更多的是，这种符号记忆是基于经验，
尤其是基于社群经验的，在越是高等的动物中越是如此。社群对于某一符号的
辨认、认同和偏好，会影响动物社群个体的美感形成，而社群成员被某一符号
激起的共同情绪，直接激发着个体愉悦感的产生。动物美感能力的存在，是动
物指示符号能力存在的一个重要证据。

　　由此，似乎可以推出一个结论：在动物的美感中，对异性身体的欣赏是和
性选择、生理欲望直接相关的，而对异性展示技巧的欣赏则有着更多的因素。

---

　　① TINIO P L & LEDER H. Just how stable are stable aesthetic features? Symmetry,
complexity, and the jaws of massive familiarization. Acta psychologica, 2009 (130): 241–250.

　　② SWADDLE J P, CHE J P K & CLELLAND R E. Symmetry preference as a cognitive by-
product in starlings. Behaviour, 2004 (141): 469–478.

　　③ GIANNOULI V. Visual symmetry perception. Encephalos, 2013 (50): 31–42.

对于这两种差别性的美感，曼杜奇将其称为"种系诗学"（phylo-poetics）和
"本体诗学"（onto-poetics）。① 所谓"种系诗学"，就是指动物在异性选择时，
以种群为单位形成的美感标准，它传递的是求偶方的健康信息，多以生理特征
或生理能力的方式展示出来。达尔文曾写道："我们决不能用一个一致的标准去
衡量不同物种的欣赏能力；而且也不能用人类的欣赏标准去做这种衡量。"② 不
同的物种有自身的美感标准：雄科动物大多是以毛色的艳丽和花纹的繁复作为
准则，而猩猩等灵长类动物，则是通过对毛发光泽度和生殖器裸露部分的颜色
来判断对方是否美丽和健康，等等。按照新达尔文主义者的看法，种系美感标
准的统一有利于维持物种的稳定性，巩固和传递已经建立的优良基因，具有明
确的实用性基础。著名的经验主义哲学家和美学家麦宁豪斯（Winfried
Menninghaus）指出，"从进化的角度而言，这一现象对避免杂交和促进物种的
独立有所助益"③。这种相互的种群辨认性，是种系美感的鲜明特征。

特里福斯（Robert Trivers）在论及生物的互利原则时指出，这种种系的美
感标准，其实是按照交换原则设立的：雄性以自我装饰来交换雌性在养育后代
中的劳动，因为这种装饰往往意味着要承受不便和风险。④ 正因为这是一种交
换，因此，雄性的自我装饰必须以雌性的品鉴和喜好为准则，而雌性的美感准
则在很大程度上是"先天图示"性的，是将装饰作为一种传递对方健康情况的
信息来接收的，具有很强的实用目的。曼杜奇对此评论道："既然美是用来交换
母亲的精力和劳动的，美感就远不是非功利的、无用的，而是具有交换的价
值。"⑤ 照此看来，种系的美感与美的无用性是无涉的。

尽管具有"交换目的"的种系美感具有固定标准，但并不意味着它一定是
单一维度的。曼杜奇指出，雄性蓝天堂鸟就极为罕见地同时拥有非常华丽的羽
毛以及精湛的"歌唱"和"舞蹈"技巧，按照特里福斯的"美感经济"或

---

① MANDOKI K. Zoo-aethetics: a natural step after Darwin. Semiotica, 2014, 198 (9): 73.

② 达尔文著，叶笃庄、杨习之译：《人类的由来及性选择》，北京：科学出版社，1984
年，第461页。

③ MENNINGHAUS W. Biology à la mode: Charles Darwin's aesthetic of "Ornament".
History and philosophy of the life sciences, 2009 (31): 274.

④ TRIVERS R & MENNINGHAUS W. The evolution of reciprocal altruism. Quarterly review
of biology, 1971, 46 (1): 35 – 37.

⑤ MANDOKI K. Zoo-aethetics: a natural step after Darwin. Semiotica, 2014, 198 (9): 73.

"美感市场"论，它的特征和能力远远超出了必要的求偶条件。因此，在蓝天堂鸟的雌性美感和与其对应的生理条件和技巧之间，出现了明显的"多余性"，这就发展到了第二种美感标准，即"本体诗学"的层次。从符号学的角度而言，"多余性"是符号活动对话性的本体特征，而艺术作为特殊的、高层次的符号活动，它总是尽量地延伸符号与其指向的对象之间的距离，为了达到这一目的，艺术家常常会使用最不经济、最为复杂精巧的形式来创造艺术作品，其"多余性"是显而易见的。符号活动越往艺术层面发展，其"多余性"越为明显——尽管这不是判定某种符号活动是否是艺术的标准，却是一个可以观察得到的基本规律，值得人们进行反思。

关于"本体诗学"，曼杜奇写道，"本体诗学涉及从功能圈的第一层到第二层的过渡，从效应器到行为器、从接收器到反应器的飞跃"[①]。也就是说，和种系美感的符号活动不同的是，求偶者作为符号的发出者，依靠的不再完全是基因继承得到的强健体格或生理特质，而是主动地、故意地制造出能够引起自身或异性愉悦感的符号。鸣禽的"歌唱"、动物的"舞蹈"和筑巢，以及对巢穴的装饰，都属于这一类符号活动。在这个过程中，动物的美感尽管仍然受到其实用基础的影响，但发展出了更多个体化的、"无用性"的特征。例如，在鸟类的求偶舞蹈中，尽管常常是舞蹈时间最长、体格最强健的雄鸟获得最大的交配可能，但在很多情况下，雄鸟和雌鸟会共同起舞，彼此呼应，配合程度最高的雄鸟和雌鸟会相互选择，进行交配。在这个互动的符号过程中，雄鸟和雌鸟的美感和选择标准是相当复杂和个体化的，这也是动物符号学家们研究的焦点之一。并且，这一类美感活动还超越了生理欲望的层次，求偶者发出的信号不是只作用于同种的异性，对于自身、对于同种的同性成员都有作用：前文提到的鸣禽在非求偶季节的"歌唱"和猩猩的"雨中舞"，以及求偶舞中的"伴舞"现象，都证明了这一点。

更为惊人的是，这一符号活动有跨越了"种系"的可能，例如，在澳洲园丁鸟的求偶仪式中，琴鸟就有着"伴奏"的行为，使得园丁鸟的展示更为华丽迷人。这就要求动物具有跨种系的美感能力，即作为符号接收方的雌性园丁鸟能够对琴鸟的"歌唱"产生愉悦感，而作为符号发出者的琴鸟能够意识到自己

---

① MANDOKI K. Zoo-aethetics: a natural step after Darwin. Semiotica, 2014, 198 (9): 74.

的歌声带给雌性园丁鸟的愉悦感。曼杜奇指出，"本体诗学"范畴中的符号活动，在很大程度上就是西比奥克所说的"前艺术符号"，它源自于动物更高层次的、具有无用性特质的美感，而这种美感是从较低层次的、与生理欲望直接联系的美感中发展而来的。达尔文认为动物的美感既是有实用性的，又是任意的，这种观点并不矛盾，相反，它揭示出了动物的美感能力的差异和发展，即从实用性中演化出一定的"非实用性"的过程。

由于动物有着美感，其美感性的符号活动的对话性，较之于单纯传达信息的符号活动的对话性也就大大提升。任何符号活动都是对话性的，都需要符号接收者对符号的翻译和解释，在这个对话过程中，哪怕是只引起固定生物反应的最原始生物信号，也是具有冗余度的。这种冗余度指的是，生物信号活动是有可能出错的，不是绝对的、百分之一百的机械反应。这就是以生命体的符号活动和机械的物理化学反应的最基本区别之一。而在美感符号活动中，符号的冗余度大大提升了，这首先表现在动物自我装饰的多余性上。如不少动物学家所认为的那样，孔雀、天堂鸟的自我装饰已经超出了用鲜艳色彩和花纹来表达健康信息的必要程度，从符号学而言，它的形式性已经大大超过其意义所指。这种强调能指形式、忽略所指的特点，正是艺术表意的一大特征。其次，动物对于装饰符号的选择也是个体化的，虽然有种群的统一标准作为基础，却呈现出细微的个体差别。这种对符号的差别化解释和选择，极大地提升了符号表意的自由度，是符号活动对话性大幅增加的表现。这些特征都说明，在动物的美感符号活动中，由于对话性的增加，符号的多义性潜能得以提升，这就为语言和文化符号这样的典型多义性符号的出现提供了基础，是符号连续论的又一个有力证据。

同时，美感连续论也为符号连续论提出了挑战和补充。在论述文化的标出性理论时，赵毅衡指出，人类的审美是一个由男性标出（男性装饰）到女性标出（女性装饰），到当代再次逐渐翻转的过程。如果用这一理论来审视动物的审美就会发现，雄性的自我装饰（标出）其实广泛地存在于动物的发展阶段中，并且，这种标出性翻转的可能越是到动物的高级发展阶段就累积得越多，因为在猩猩身上，就已经存在着雄性与雌性相互欣赏的能力。和其他相互欣赏、共同承担养育后代的任务的动物所不同的是，猩猩是以雌性为主哺育后代的，因此，雄猩猩美感能力的获得较之于其他动物而言是一种突破。尽管雄猩猩仍然是自我装饰的，被标出的，母系文化中的原始人类也是男性自我装饰和标出，但雄性美感能力的发展却已经为男性对女性进行审美意义上的性选择提供了生理条件。在标出性理论向生物符号学领域延伸发展时，美感连续论为其提供了一个更加细致和复杂的观察视角。

达尔文的"动物美感"论最重要的意义在于，它使人们意识到，动物的美感问题是不能被简化至单纯的"生理冲动"的，动物在外形、行为上的美也不仅仅是体格健康的表现。就如韦尔施所说的，"动物的'美感'是在实用性的语境中产生的，但它并不就是实用感，也不是可以化约至实用感层面的，这是达尔文动物美感理论的精髓"①。动物的美感符号在很大程度上是和"有用"无关的，而仅仅是为了愉悦和情绪分享追求的形式美。这种形式追求和"无用性"，是动物"前艺术"符号的重要特征，它揭示出动物的"前艺术"符号能力是如何逐渐发展而来，并且为艺术的生理基础之确认，提供了有力的证据。

## 三、艺术的生理基础

在著名的《艺术本能：美、愉悦和人类进化》一书中，达顿写道："在描述性或艺术性的每一次话语行为之下，都潜藏着健康检视的概念。人们不断地从他们同伴语言是否清楚或平淡上，来对他们进行判断。高超地使用大量词汇的能力，复杂的语法建构，加之以惊奇、风格、连贯和清晰等要素，这都和我们对人的判断有关。艺术有意识地使用这样的语言，从这些方面可以判断出它们揭示了说话者或作家的哪些特征。"②达顿认为，艺术是融合了生理本能和文化塑造之物，其许多特征在动物类似艺术的行为中都可以窥见，但同时，艺术又是超越了动物的类艺术，也就是笔者讨论过的"前艺术"符号活动的。他为艺术列出了十二条重要特征，其中有七条和基于"动物美感"的"前艺术"是相通的：③

（1）直接的愉悦（direct pleasure）。这是动物的"前艺术"和人类艺术共

---

① WELSCH W. Animal aesthetics. Contemporary aesthetics, 2004（2）.

② DUTTON D. The art instinct: beauty, pleasure, and human evolution. New York: Bloomsbury Press, 2009: 174 – 175.

③ DUTTON D. The art instinct: beauty, pleasure, and human evolution. New York: Bloomsbury Press, 2009: 52 – 59.

有的特征。不管是动物因为性欲而引起的美感快感，还是"为美而美"的装饰或"前艺术"符号传达信息之外的冗余部分所激发的愉悦，动物能够对身体装饰或"前艺术"符号产生美感和愉悦感，这是毋庸置疑的。而艺术和愉悦的直接关系更是哲学家们津津乐道的话题，康德指出艺术能引起审美愉悦，席勒、斯宾塞等人认为艺术源自于动物和原始人的游戏，游戏给予的快感促进了艺术的诞生，这些著名的观点都论证了两者之间的关系。而认知神经学也已经证明，艺术的确可以使人在脑神经回路中产生快感震动，这种生理反应是艺术所带来的美感的直接体现。

（2）技巧和技艺（skill & virtuosity）。艺术是精湛技艺的展示，这是所有成熟的艺术作品展示出来的特征。而动物们的"前艺术"符号都是"有意识的符号建构"（deliberate semiotic construction），并且是通过反复的练习才能完成的"作品"。达顿指出，园丁鸟对巢穴的建筑和装饰最接近人类的艺术创作，其精美程度要求极其精湛的技巧才能达到。[1] 而鸟兽的"歌舞"也是如此，需要大量的练习才能达到它们自身所期待的效果。尽管不少动物学家都认为，动物的筑巢和"歌舞"技巧中遗传习得的成分相当显著，后天习得的成分较少，这和人类的艺术技巧有着很大区别，但是动物的确在"前艺术"的符号建构中展示出了高超的技巧，这一点是很确定的。

（3）风格（style）。达顿将风格视为作品中可辨认的"形式、构成和表达的规则"（rule of forms, composition, and expression）[2]，这一宽泛的定义为动物的"前艺术"符号的特征描述提供了新的术语。前文已经提到，动物的"创作"必须遵循种群持有的辨认和美感模式，在形式、构成和表达上都是较为固定的。并且，风格是为创新和变化提供"背景"（background）或"语境"（context）之物，而动物在身体特征或"创作"中的轻微变异，也是以原本固定的美感标准为背景作为对比的。在这两点上，可以说，"前艺术"符号是具有风格性的。

（4）新颖和创造力（novelty & creativity）。对新颖性及细微差异的个体化偏好，既存在于动物对异性身体的欣赏中，也存在于对对方和自己的"歌唱""舞蹈"和巢穴的鉴赏中，这在前文中已经证明。而灵长类动物已经能够通过

① DUTTON D. The art instinct：beauty，pleasure，and human evolution. New York：Bloomsbury Press，2009：5.

② DUTTON D. The art instinct：beauty，pleasure，and human evolution. New York：Bloomsbury Press，2009：53.

混合各种颜料创造新的颜色，这说明动物已经具有非常原始的创造力。尽管动物在"作品"的模式（pattern）上无法实现突破，其创造力和人类相比差之千里，但创造力在高等灵长类动物中的出现是不容否认的事实。

（5）再现（representation）。大部分动物都很难通过"创造"的方式对外部对象加以再现，在"前艺术"符号中，"歌舞"和对巢穴的建筑、装饰，都是由生理驱动的"表现"，而非再现。但是，前文也已经讨论，经过语言训练的灵长类动物，如大猩猩"可可"和"刚果"，已经可以进行初步的再现。可以说，这是动物的"前艺术"中非常罕见的特征，其行为主体都是经过专门语言训练的灵长类动物，因此体现出再现能力和语言能力的紧密关联。关于这一点，由于例子过于稀少，还有待将来的后续研究进一步细化证实。

（6）可表达的个体性（expressive individuality）。这一点和第四点的讨论相关，即动物在相互的美感选择上常常是个体化的。在动物的"歌舞"中，其情绪表达往往是集体性的，这在前文已经有过说明；但同时，其间的细微差异也是动物进行自我美感表达的表现。当然，动物表达的个体性是极其有限的，其表达方式也只是对既有风格的轻微改变，远远达不到自由表达的程度，更无法企及自觉的叙述层面。

（7）情感浸透（emotional saturation）。关于"前艺术"符号和情绪分享的关系，在本文对猩猩"雨中舞"的讨论中已有提及。此外，根据动物学家的研究，鸟类和其他动物在"歌唱"时也会有饱满的情绪表达和感受，这在对它们的神经反应研究中已经得到验证。而灵长类动物的"画作"色彩变化，也被证实了和它们的情绪状态相关。因此，动物的"前艺术"符号已经是情感的分享和表达，这一特征也是"前艺术"和艺术的共有特征。

从达顿的论述可以看出，"前艺术"和艺术不仅仅都是一种展示，它们还可以引发愉悦、表达情感。"前艺术"和艺术共同的情感激发作用，是当代的生物神经学研究的主要着力点。现有研究已经证明，雌性和雄性的哺乳动物，都有着特有的、释放快感的神经激素机制；并且，它们都能通过释放多巴胺、脑啡肽等，调节自身情绪，获取安全感与认同感：这是"舞蹈""音乐击打"等群体性的"前艺术"符号行为产生的生理基础。在人类的艺术活动中，这样的神经激素释放机制也是起作用的，不过程度更强烈、层次更丰富、机制更为复杂和精细。这种发展是因为人类在群体性的部落合作中，建立了更加亲密的情感认同与互动；这种认同与互动越是发达，部落的凝聚力越强，合作效率越高，生存概率也更高。人类的大脑在这个演进过程中不断发展，使得人类的神经感情机制大大推进，为艺术创作奠定了必要的生理基础。①

迪萨纳亚克（Ellen Dissanayake）在《艺术与亲密：艺术如何产生》（*Art and Intimacy：How the Art Began*）一书中对艺术情感唤起的生理机制进行了详细的讨论。他指出，尽管人们来自不同的语言文化群体，但是，音乐和舞蹈的节律，都能使人的大脑产生同样的、激发愉悦感觉的激素：这种神经机制能使人产生"跨文化"的认同，也是歌舞艺术产生的动力之一。② 从这一点上来说，"前艺术"和艺术引发的生理愉悦和感觉是一个程度问题，它们之间的确是连续向前发展的关系。诚然，人类艺术是具有形而上的精神愉悦作用和超越功能的，这是"前艺术"完全欠缺的部分，但并不能够因此否定，和"前艺术"一样，艺术同样可以引起人的生理快感，艺术有着深刻的生物学根源。

从以上分析可以推论出：看似实用性不强的"前艺术"活动，帮助动物提高了自己的大脑认知水平，在它们最终进化发展出真正的艺术符号系统的过程中，起到了重要的推进作用。了解了这一点，对于理解整个符号世界的连续性，理解整个生命世界从"前艺术"到艺术的进程的整体性，具有重要的意义。它揭示了，在互相交织的符号世界中，在整个符号意义活动发展的过程中，人作为唯一具有三重模塑系统的符号动物，和其他符号生命的不可分割性，从而促使人们进一步反思自然与文化，以及人与其他生命的根本关系。正如佩特丽莉所说，"人类作为独一无二的符号的动物（semiotic animal）——唯一能对符号和交流进行反思的动物——对（由符号和交流构成的）生命，也就是生命的质量，负有独一无二的责任。就现有的讨论而言，这样的责任不只是有限责任（limited responsibility），而更多的是一种无限责任（unlimited responsibility）——是无可推诿的责任（responsibility without alibis）、是绝对责任（absolute responsibility）"③。艺术作为人所独有的符号活动，如何承担这种责任，是一个需要艺术家和符号学家共同探讨的问题。

---

① HRDY S B. Mothers and others：the evolutionary origins of mutual understanding. Cambridge：Belknap Press，2009：235 – 249.

② DISSANAYAKE E. Art and intimacy：how the art began. Seattle：University of Washington Press，2000：160.

③ 苏珊·佩特丽莉、奥古斯托·蓬齐奥著，王永祥、彭佳、余红兵译：《打开边界的符号学：穿越符号开放网络的解释路径》，南京：译林出版社，2014 年，第 410 页。

## 第三节　苔藓作为象征：一个美学传统的生成

在中国的传统文学与艺术中，苔藓作为独特的象征，蕴涵着丰富的美学和伦理意义。在中国和日本的园林、盆景艺术中，有专门的"养苔法"，以营造青苔满地的苍翠古静之视觉效果。在山水画中，"点苔法"已然成为专门的笔法，笔触达到十几种之多，倪瓒、赵孟頫、王蒙、石涛等名家，或是对点苔的笔法有所创新贡献，或是有相关专论，而"点苔"本身亦是山水画中用以指代山木林立之景象的重要象征方式。关于苔藓的诗词文赋，以及小说戏曲中对苔藓这一文学意象的建构，更是不胜枚举。然而，令人惊异的是，在当代的学术研究中，无论是中国学者，还是西方汉学家，对于这一中国文化独有的美学意象，却鲜少有人加以考察。尽管不少研究中国园林艺术的学者，如在园林设计中对以苔造景的手法有所提及，却只是一带而过，未能有专论，[①] 更遑论将苔藓作为中国文学和艺术整体系统中的独特意象来加以深入研究，这不能不说是一个缺憾。清代汪宪编撰《苔谱》六卷，此书是以文化角度考察苔藓这一事物的集大成者，从苔藓的数十种别名，至古代医学、文学作品及山水画中对苔藓的各种描述，都进行了详细的罗列，但也仅限于现象罗列，缺乏有深度的分析或评点。

在苔藓的文学性研究方面慧眼独具的是李剑锋。他的"苔藓三论"别开生面，系统地考察了古典诗歌、辞赋和小说对苔藓的描写，较为全面地列举了苔藓作为文学描写对象被呈现出来的样态。[②] 然而，稍显不足的是，这一系列论著只是对苔藓的文学意象进行了介绍和分类，却没有从这一美学象征的生成过程入手，去深层次地透视它在中国文化艺术的生态观，或者说它在生态符号体

---

① KESWICK M & HARDIE A. The Chinese garden: history, art and architecture. Cambridge: Harvard University Press, 2003.

② 李剑锋：《富有情趣与灵魂的苔藓诗——苔藓与中国文学（上）》，《名作欣赏》2011年第34期，第17－21页。李剑锋：《展露风神与品性的苔藓赋——苔藓与中国文学（中）》，《名作欣赏》2012年第1期，第19－23页。李剑锋：《叙事表意与塑造形象的苔藓小说——苔藓与中国文学（下）》，《名作欣赏》2012年第4期，第23－26页。

系中起到的作用。笔者在《文化建构的符号：以中国文化中的苔藓为例》（*Signs Constructed by Cultural Umwelt：Taking Moss in Chinese Culture as an Example*）一文中，从生态符号学的角度，对自然物如何在文化的模塑中被建构为符号的过程进行了讨论，并以苔藓这一象征的生成过程为例，对此加以说明。① 从生态符号学视角对苔藓的研究，此文应当是首开先河。本书是此文的进一步研究，将从符号的命名（naming）与符号—物的性质、文学再现和图像生成之多重维度出发，来讨论苔藓作为一个象征是如何被建造，并持续地被建构为中国美学中的重要传统。

## 一、苔藓的命名及分类

关于中文对自然万物的命名之讨论，中国符号学者中最早从生命符号学（biosemiotics）角度关注这一问题的是张汉良，他在《中国书写中对动物的命名》（*Naming Animals in Chinese Writing*）一文中，引著名符号学家西比奥克之语，说明命名是动物符号学的第一阶段，它是一种逻辑和符号学上的必然性，调节着自然与文化之间的关系。② 西比奥克的这一描述，精妙地道破了语言对文化之主体世界形成的决定关系：文化如何映现和建构自然，在很大程度上是由语言的构成方式决定的。西方生物学的知识体系以严密分割、科学解剖的方式来对自然加以命名和分类，所建构出来的自然秩序鲜明，条分缕析，是应然之理。中文的语言与分类方式，多为描述式而非解剖式的，所映现出的自然世界是整体式、浑成式的，这也表现在"苔藓"这一符号的构造上。

符号学认为，命名和分类始终是相互联结的：命名意味着对事物划定范畴，建立主权，限定其归属。格莱威尔斯（Jane Gravells）认为，符号的第一个层面就是命名，而命名必然伴随着范畴化（categorisation），伴随着比较、区分、指示、抽象和判定。③ 语言作为模塑系统，是文化元思维的表现，因此，如何命

---

① 详见笔者在 2016 年 7 月 4 日至 8 日于布拉格举行的第 16 届生命符号学会议上宣读的论文 *Signs Constructed by Cultural Umwelt：Taking Moss in Chinese Culture as an Example*。

② CHANG H L. Naming animals in Chinese writing//Signs and discourse：dimensions of comparative poetics. Shanghai：Fudan University，2013：205. 该文首次发表在 2003 年第 1 期的 *Sign Systems Studies*，后收入张汉良的英文个人文集。

③ GRAVELLS J. Semiotics and verbal texts：how the news media construct a crisis. Basingstoke：Palgrave Macmillan，2017：112 – 120.

名与分类，以何种形式或者是因着何种属性对物进行比较、区分、抽象等，与文化观照自然、观照世界的方式休戚相关。就如钱德勒所指出的，只有天真的写实主义才会认为语言只是外部世界透明地映现对象的镜子。① 事实上，语言绝非完全透明，也不是客观中立之镜，它对外部世界起到的是一种"折射"效果：经过语言的过滤，物的名称符号能够侧重显示出对象的某些特性。

"苔藓"一词的命名即是如此。"苔藓"的英文名为 moss，该词源于印欧语系，中古英语为 mos。"mos"一词的词义有三："一、沼泽；二、湿地；三、苔藓"，这三者都与"湿润之地"相关，表现出对苔藓生长之地理环境的侧重。在植物学的分类中，与藻类、地钱类植物同属于苔藓植物门（bryophyte），按《牛津高阶英汉双解词典》的解释："苔藓是一种小型无花绿色植物，无真根，生长在湿润之地的植物层或角落，通过茎囊释放的孢子进行繁殖。"其外观属性、生长和繁殖方式及环境，都界定得十分清晰，是西方解剖式、类别化科学语言的典型。而现今的汉语工具书《新华字典》《汉语大字典》等，对"苔藓"词条的解释也与《牛津高阶英汉双解词典》类似，盖国门洞开、西学东渐以来，自然科学的研究完全是以西方知识体系及其语言为基础的，科学研究需要明晰性、逻辑与类别关系清楚，使用这种语言来描述生物学的对象，是自然而然的结果。

然而，与自然科学技术之进步性形成鲜明对比的是，文学、艺术、语言学等人文学科难以简单地以高下一言蔽之，它们之间更多的只是不同，而难分优劣。言语体现的，是整个语言体系的思维方式，其文化与美学意涵更是与整个文学艺术传统的发展休戚相关，互为镜像。"苔藓"一词，从草木类，按其字形构成，"苔"字原为"菭"，《说文解字》云："水青衣也"，其意象为铺展覆盖水面之青色水草；而"藓"字最早出现在西晋时期崔豹的三卷本《古今注》中，其意象为"鲜活、鲜绿之草"。"苔藓"的俗称"青苔""绿苔""绿藓"等都是描述性的文字，以突出其青苍碧绿之特质。《苔谱》中所列出的"苔藓"之别名皆为描述性，如着重于其舒展铺地之形态的"石衣""石发"，兼顾其青绿色泽的"绿衣""绿衣元宝"，误将苔藓与地钱混淆的称谓"绿钱"，以及误将苔藓与被子植物混淆的称谓"积雪草"，都承载着对这种植物或多或少的美感想象和寓意：或是以发、衣装、钱币、元宝为喻，或是带着对绿草积雪之色

---

① CHANDLER D. Semiotics：the basics. London：Routledge，2002：228.

彩形态的描述——而雪之晶莹意象，清冽剔透与青苍碧绿的色泽对比，以及绿草傲霜雪的文学象征意味，为"积雪草"一词平添了不少丰富意味。"苔藓"之名，首先就是描述的、想象的、美学意味的。

由于古代的自然科学并不发达，对"苔藓"的分类自然不如当代生物学那样严格和细致，除了以形态色彩对其进行描述之外，对植物的细分往往是根据其地理环境来区分的。《御定佩文斋广群芳谱》云："苔衣之类有五：在水曰陟釐，在石曰石濡，在瓦曰屋游，在墙曰垣衣，在地曰地衣。其蒙翠而长数寸者亦有五：在石曰乌韭，在屋曰瓦松，在墙曰土马鬃，在山曰卷柏，在水曰藫。"按照当代生物学知识，这其中有不少混淆之处。李剑锋就指出："像圆藓、绿钱、乌韭、垣衣、土马鬃等指的是苔藓，其他还有蕨类（陟釐）、地衣（石濡）、瓦松、卷柏等，但古人往往把它们统归于'苔'。"[1] 如此划分，固然不具有太多科学性，但这种因形态相似而进行比附的做法，确实为我国古代植物学和文学的相通之处。杨炯《有所思》之"不掩嚬红缕，无论数绿钱。相思明月夜，昭递白云天"；萧绎《草名诗》之"初控游龙马，仍移卷柏舟。中江离思切，蓬鬓不堪秋"，皆是写相思之句。它们与闺怨诗中的苔藓共同构成深具美感的意象群，当然有着文化规约的作用，但其形态上的相近性，恐怕也是重要原因。

命名能够突显出物的某种属性，而文化的分类却能够赋予物以属性：很多时候，对象看似是以物的属性出现的，但实际上却是规约符号。中国传统医学认为，自然万物作为药材都有四性五味，即寒、热、温、凉四性，酸、苦、甘、辛、咸五味。受五行思想的影响，中医认为，四性之间是可以相互转化、互克互生的。《本草纲目》云："柔苔寒，干苔热。"寒热之性，即文化赋予苔藓的符号属性。因此，在古代的医学文献中，有不少关于苔藓入药，医治寒热之症的记载。《本草纲目》就认为，井中之苔性寒，对热症有效："废井中多生苔萍，及砖土间多生杂草莱。蓝既解毒，在井中者尤佳，非别一物也"，因此可治"漆疮、热疮、水肿"，而船底苔也可用于医治"鼻洪、吐血、淋疾"，因"水之精气，渍船板木中，累见风日，久则变为青色，盖因太阳晒之，中感阴阳之气。故服之能分阴阳，去邪热，调脏腑。物之气味所宜也"。《先醒齐医学广笔

---

① 李剑锋：《富有情趣与灵魂的苔藓诗——苔藓与中国文学（上）》，《名作欣赏》2011年第34期，第17页。

记》云："治胃火上攻牙痛，马蔺头叶，并放水沟内青苔，捣烂丝绵裹之，左痛塞左耳，右亦然。"《景岳全书》认为墙头苔藓可止鼻血，《普济方》认为苔藓可治漆疮，《证治准绳》认为苔藓可通淤血、治丹毒，都是将其视为凉性、寒性之物，用以医治热毒。然而，所谓寒热，并非物本来的属性，而是符号化的特征，因此，苔藓入药治各种肿毒不通，在更多的时候，起到的作用恐怕是符号引起的心理效果。

关于中医学"发明"自然物之属性的符号过程，国内学者已有论及。林栋等人在《中医学与符号哲学》一文中就指出，两气、五行、经络、脉象都是有体系的符号语言，而寒热、正邪、气血等医学思想，其实是以中国哲学为基础的符号表达。[①] 如此看来，将物以四性分类，就是一个典型的符号化过程：物在这一符号体系中，经过一整套语言的转化，成为具有某种特性的符号。苔藓因其生于湿润之地的缘由，被认为是寒性、凉性之"物"，可以与作为热性之"物"的肿毒中和，两个符号的属性相互调和、平衡，按照中医寒热四性相克的元语言，产生心理性的符号效果。按照西方现代医学的观点，肿毒多为细菌感染，需要另一套医学符号来进行医治。本书无意对中西医学加以褒贬，而旨在指出一个事实：所谓医学的科学治疗性，只能验证药物的实验效果；对于医学符号和医理体系对患者产生的心理效果，却难以靠实验证明，而需要对符号认知机制的分析才能完成。认知中的任何物都是符号—物的混合，在它以"物"之面貌出现时，往往呈现的却是文化规约符号的特征。苔藓作为药材而被分类，被赋予"寒性""凉性"，即是如此；并且，由于"寒性""凉性"在阴阳二气中与阴气相对应，这和苔藓在文化中作为阴性的存在，也是具有对应性的。这种阴性的存在，在作为文学象征的苔藓上，表现得尤为鲜明。

## 二、苔藓作为文学象征：符号意义的多维性

汪宪在《苔谱》卷二《总叙苔》的开篇写道："苔生于地之阴湿处，阴湿气所生也。初生其处渐青成晕，斑斑点点，久则堆积渐厚如尘埃。然又天久，则微有叶根，又能傍绿树木，阶砌砖，瓦柱础而上。"苔藓为"阴湿气所生"，

---

① 林栋、崔岚、王永丽：《中医学与符号哲学》，《医学与哲学》2010 年第 12 期，第 16 – 17、67 页。

如前文所言，是一种阴性的存在。其出身微末，形貌并不起眼，初生时如晕如斑，久则如尘埃。与奇花名卉不同，苔藓尽管低微平凡，生命力却似乎强大到使其具有自生性：虽无人照料，日久却能生出假根，依傍树木建筑渐渐长成。在对苔藓的这段总论中，汪宪使用的系列词语，"阴湿处""成晕""斑斑点点""尘埃""微""傍"，都带有低暗、微小之意，苔藓所生处，是阴暗污垢之地，而苔藓本身的外形也并非引人注目：当它作为陪衬性的文学意象出现时，所烘托渲染的，亦是自叹自伤之情，这在宫怨诗中表现得相当鲜明。

苔藓首次在文学艺术类文献中出现时，完全不称其为一个意象，而仅仅是在故事的叙述中被一笔带过。最早可见的文献是扬雄的《琴英清》，讲述子伯自投江中，悲歌以忆父母的故事："尹吉甫子伯奇至孝，后母潜之，自投江中。衣苔带藻，忽梦见水仙赐其美药，思惟养亲，扬声悲歌。船人闻之而学之。吉甫闻船人之声，疑似伯奇，援琴作《子安之操》。"此处提到的苔藓，乃古人认为的"水苔"，更类似于水藻，并无太多寓意。如李剑锋所考证的，苔藓第一次作为有象征意味的符号在文学中出现，乃是在陆机的《婕妤怨》中[1]："婕妤去辞宠，淹留终不见。寄情在玉阶，托意唯团扇。春苔暗阶除，秋草芜高殿。黄昏履綦绝，愁来空雨面。"玉阶与团扇是古代宫怨诗中的常见意象；而春苔蔓生于宫阶，是君王不至、门可罗雀的婉转表达：苔藓的苍绿色已经盖过了玉阶本来的晶莹之色，暗示被冷落的时间之长，从而强化了婕妤的伤怀之情。

尽管春苔作为文学意象首次出现时，表达的是伤怀之意，但是，由于"春"的文学意味往往是活泼盎然的，尽管有《别赋》"或春苔兮始生，乍秋风兮暂起。是以行子肠断，百感凄恻"之名句在前，更多时候，"春苔"却是以幽趣宁静的深春之意象出现。刘长卿《留题李明府雪溪水堂》之"云峰向高枕，渔钓入前轩。晚竹疏帘影，春苔双履痕"，齐己《谢王秀才见示诗卷》之"道院春苔径，僧楼夏竹林。天如爱才子，何虑未知音"，宋之问《太平公主山池赋》之"秋叶飞兮散红树，春苔生兮覆绿泉"，钱起《题温处士山居》之"谁知白云外，别有绿萝春。苔绕溪边径，花深洞里人"，如此种种，皆是将春苔视为园林山水之幽意象征。李中的《春苔》一诗云："春霖催得锁烟浓，竹院莎斋径小通。谁爱落花风味处，莫愁门巷衬残红。"春苔成了解春愁之趣物，

---

① 李剑锋：《富有情趣与灵魂的苔藓诗——苔藓与中国文学（上）》，《名作欣赏》2011年第34期，第18页。

诗人一反伤春之语，勾勒出竹苔相互掩映的青翠可爱，别有意味。

与"春苔"之意象相对应的，是"秋苔"：按蒂莫·马伦（Timo Maran）对自然书写进行生态符号学考察时提出的观点，"秋苔"可被视为一个"生态符号"（ecological sign），季节的指示符。的确如此，苔色变暗转黄，指向了文学描写中的秋之降临：许彦伯《班婕妤怨》之"窗暗网罗白，阶秋苔藓黄"，李沇《秋霖歌》之"叶破苔黄未休滴，腻光透长狂莎色"，白居易《赠内》之"漠漠暗苔新雨地，微微凉露欲秋天"，苔色的转变预示着秋之到来或秋意加深。在马伦看来，这种能够明确预示季节或时间变化的自然符号，其指示性（indexcality）非常明显：它指向的是季节的变化，与对象之间是邻近关系，而非替代关系。[①] 秋苔即是如此：它指向的是秋季的来临，在整个文本中，它所突出的是季节转换带来的气象与景物变化；而且，由于中国文学中"秋"之意象的凄清悲意，它还指向伤感嗟叹之情绪，催动着哀伤感情的生发。描写过春苔之幽趣的齐己赋《秋苔》云："独怜苍翠文，长与寂寥存。鹤静窥秋片，僧闲踏冷痕。月明疏竹径，雨歇败莎根。别有深宫里，兼花锁断魂。"秋苔之清冷寂寥之意象，与春苔之清新古趣殊为不同。李商隐《端居》之"远书归梦两悠悠，只有空床敌素秋。阶下青苔与红树，雨中寥落月中愁"，石玙《杂诗》之"帝子不可见，青鸟非良媒。中夜耿深忧，泪落生秋苔"，陈宜甫《过华清宫和温庭筠二十二韵》之"渭水昨如烟，骊山树已秋。苔荒老姥店，草满夕阳楼"，皆为伤怀之语。"秋苔"兴发的幽愁暗恨，成为中国古代文学中特有的景象。而苔藓携带的古寂意味，也使得诗人常借其表达凭吊古人之意，因此，"宾阶绿钱满，客位紫苔生。谁当九原上，郁郁望佳城"这样的沉郁萧索之句，在古诗中亦俯拾皆是，并不鲜见。

苔藓总是作为文本图景的一部分而出现，从而卷携着其他符号的意义，因其总是以"外应物象"（objective correlative）的形式被表达出来，如艾略特所说的："艺术能够表达情感的唯一方式就是找到'外应物象'，换言之，就是作为某种情感准则的一系列对象、一种情形、连续的事件；当人们遭遇此种必将

---

① 详见 Timo Maran 在 2016 年 7 月 4 日至 8 日于布拉格举行的第 16 届生命符号学会议上宣读的论文 *A Typological Approach to Environmental Signs with an Emphasis on Their Underdeterminancy*。

抵达感知经验的外部事实时，立刻就会引发这种情绪。"① 王勃在《青苔赋》中写道："嗟乎！苔之生于林塘也，为幽客之赏；苔之生于轩庭也，为居人之怨。"此句清晰地揭示出苔藓作为"外应物象"，是需要文本语境的。贯休有诗云："翠窦烟岩画不成，桂香瀑沫杂芳馨。拨霞扫雪和云母，掘石移松得茯苓。好鸟似花窥玉磬，嫩苔如水没金瓶。从他人笑从他笑，地覆天翻也只宁。"这是将苔藓置于山景闲居之中，与山石、瀑布、青松、花鸟相映。姚合的"古苔寒更翠，修竹静无邻"，齐己的《秋苔》中有"月明疏竹径"之句，苔与竹共同构成审美意象，从而与象征着空心、有节的"岁寒三友"之一共同成为君子的象征。

《红楼梦》中写到潇湘馆时，数次提到"竹影参差，苔痕浓淡"，"两边翠竹夹路，土地上苍苔布满"的景致，以喻黛玉之高洁；杜甫《将别巫峡，赠南卿兄瀼西果园四十亩》以"苔竹素所好，萍蓬无定居"喻君子之清贫自适；柳宗元《晨诣超师院读禅经》以"道人庭宇静，苔色连深竹"形容超然出世之精神；倪瓒《对酒》"虚亭映苔竹，聊此息跻攀。坐久日已夕，春鸟声关关"之闲适自若，苔竹的意象携带着清逸隽永的文学意味。这样的共构意象不仅在文学中比比皆是，在绘画艺术和园林盆景中更为常见，下文将会详述。

从苔竹之共构意象能够看到，苔藓在和竹子共同形成"外应物象"时，其象征意味发生了明显的转变，不再停留于宫怨伤怀之情，而是从阴性的存在向阳性滑动，其意义变得健朗、超然、通达。这固然与"外应物象"的另一要素，即竹子的象征意义有关；但苔藓本身作为独立的文学对象时，表意也产生了变化，这一因素不可忽视。这一独立美学传统的开启是在南北朝时期，以沈约《咏青苔诗》和江淹《青苔赋》的出现为标志。由于两部作品诞生的具体年代已不可考，难以以时间先后论，在此，将其作为并置的意象加以讨论。

沈约《咏青苔诗》云：

绿阶已漠漠，泛水复绵绵。微根如欲断，轻丝似更联。长风隐细草，深堂没绮钱。萦郁无人赠，葳蕤徒可怜。

---

① CUDDON J A. Dictionary of literary terms（Fifth edition）. Malden：Blackwell Publishing，2013：647.

江淹《青苔赋》云：

嗟青苔之依依兮，无色类而可方。必居闲而就寂，似幽意而深伤。

故其处石则松栝交阴，泉雨长注。绝涧俯视，崩壁仰顾。悲凹险兮，唯流水而驰骛。遂能崎屈上生，斑驳下布。异人贵其贞精，道士悦其迥趣。咀松屑以高想，捧丹经而永慕。

若其在水则镜带湖沼，锦匝池林。春塘秀色，阳乌好音。青郊未谢兮白日照，路贯千里兮绿草深。乃生水而摇荡，遂出波而沉淫。假青条兮总翠，借黄华兮舒金。游梁之客，徒马疲而不能去。兔园之女，虽蚕饥而不自禁。

至于修台广庑，幽阁间楹，流黄乏织，琴瑟且鸣。户牖秘兮不可见，履袂动兮觉人声。乃芜阶翠地，绕壁点墙。春禽悲兮兰茎紫，秋虫吟兮蕙实黄。昼遥遥而不暮，夜永永以空长。零露下兮在梧楸，有美一人兮歔以伤。

若乃崩隍十仞，毁冢万年。当其志力雄俟，才图骄坚；锦衣被地，鞍马耀天。淇上相送，江南采莲。妖童出郑，美女生燕。而顿死艳气于一旦，埋玉玦于穷泉。寂兮如何！苔积网罗。视青蘼之香香，痛百代兮恨多。

故其所诣必感，所感必哀。哀以情起，感以怨来。魂虑断绝，情念徘徊者也。彼木兰与豫章，既中绳而获天。及薜荔与蘼芜，又怀芬而见表。至哉青苔之无用，吾孰知其多少？

就文本容量观之，辞赋长而铺陈多，其意象比五言诗之意象反复重叠，是自然之理。《咏青苔诗》以叠字"漠漠""绵绵"形容苔藓在地和在水的匍匐绵延之态，其音乐性的美感和意象上的鲜明性非常突出，正如《文心雕龙》所言，"参差沃若，两字穷形，并以少胜多，情貌无遗矣"也。而"微根""欲断""轻丝""细草""绮钱""萦郁""葳蕤""可怜"等语言符号在文本组合轴上共同出现，为苔藓建构出柔弱蔓生、青翠可爱却无人爱赏的寂寞之态。

然而，文本作为整体的意义单元，其重要的特征就在于，它不仅仅是符号的意义叠加，还会产生新的意义。构成文本之符号，在其完整的结构肌理之下，可以产生出不同意味，正如巴尔特所说的："按部就班的评论有其必要是因为它将重新开启文本的多重入口，它不会将文本过度地结构化，它不会赋予文本一种由论文论证而来的额外的结构，因而使文本封闭：它给文本打上星号（'it stars the text'），而不是将文本加以组合（assembling）。"[1] 蔡秀枝在论及"打上

---

[1]　BARTHES R. S/Z. MILLER R trans. Oxford：Basil Blackwell，1990：13.

星号"的说法时注解道："巴特此处说明的用字遣词（'c'est etoiler le texte au lieu de le ramasser'在这里'etoiler'除开'打星号'之外，也可以做'打散、粉碎'来解。所以将文本打上星号在另一个层次上而言，亦可以说是将文本给片段/片断化了）则另外强调了这个打星号的策略的第二个功能：这些星号（标示暗码）出现的一个重要目的就是要显示一个完整的文本组织肌理，是如何在片断、逐个的暗码中运作联结以成就意义的完整，但是借由打星号找暗码的策略，巴特将可以同时反其道而行，在指出语言符号的意义指涉与联结功能的同时，也可以将这个完整的、'自然化'的语言意义建构神话给重新分化、零散化，还原其意义组装过程中的接合、裂缝、矛盾与冲突，而非联结、组合，甚至组织化、结构化这样的建构神话的自然性。"① 而"打上星号"的重要策略之一，就是将文本的符码（code）分为诠释的（hermeneutic）、义素的（seme）、象征的（symbolic）、情节性的（proairetic）和文化指涉的（cultural, referential），从而对文本的意义进行重新解读。

巴尔特的符号学透视，是为了解构文本的神话性；但是，符码分类的视野，可以运用于对任何文本的深度阅读。以此检视《咏青苔诗》，其深层意义得以浮出地表。该诗的诠释符码，在诗歌的题目已然浮现，即"咏青苔"。青苔乃是寻常无奇之物，何以咏之？诗末的"可怜"二字可作解，这是文本给出的诠释性答案，是一个"意图定点"，引导着文本接收者的解释向此处伸展。在诗歌中流动的各种形容青苔柔弱蔓生、青翠可爱之态的词语，如前文所提到的"漠漠""绵绵""微根""欲断""轻丝""细草""绮钱""萦郁""葳蕤"等，是文本中的"义素"符码，它强化着青苔的形态意象，为表现其"可怜"之姿进行语意铺陈。而诗歌基本的结构象征，在文本的潜层中微光若现的"象征"符码，在开篇的"绿阶"二字中羚羊挂角般一闪而过。上文已经提到，第一次作为有象征意味的符号在文学中出现，乃是陆机的《婕妤怨》中有"寄情在玉阶""春苔暗阶除"之句。该诗的表意是以这个潜藏的象征为前提展开的：苔薛的青苍柔弱之态由此笼罩上了更深刻的寂寞之意。

这也涉及文本的"文化指涉"符码，《咏青苔诗》的伴随文本之所在——著名的《玉阶怨》，前有谢朓之"夕殿下珠帘，流萤飞复息。长夜缝罗衣，思君此何极"，后有李白之"玉阶生白露，夜久浸罗袜。却下水晶帘，玲珑望秋

---

① 蔡秀枝：《巴特〈S/Z〉中的转向与阅读策略》，《中外文学》2003年第9期，第46页。

月"，道尽宫怨相思之情。尽管从时间上而言，《玉阶怨》在《婕妤怨》《咏青苔诗》之后①，但它已经形成强大的文学意象，在文本的接收者对《咏青苔诗》进行逆向解读时，很难不受到《玉阶怨》的影响，从而展开想象。可以说，《玉阶怨》在某种意义上，可以是《咏青苔诗》的元文本。

　　而文本的"情节性"符码，在于原本隐身的叙述者的突然显身："紫郁无人赠，葳蕤徒可怜。"深感苔藓之青翠可爱的叙述者，代其立言并抒发感慨：无论是青苔意欲自赠知音，或是叙述者想以其赠人，都难以找到同赏者，故而只能叹其可怜可爱。然而，正是叙述者的这一显身，给予了诗歌新的意义推动力：苔藓并非无人欣赏，叙述者本身就是它的观赏者和赞美者！诗歌的另一重意义由此展开：苔藓是值得有特别审美能力的人观照和欣赏的，它的美学价值受到了肯定。苔藓作为单独的对象，它的意义和审美价值出现了很大程度的提升，从而以鲜明的形象浮现在人们的美学视阈中。

　　在《青苔赋》中，苔藓作为象征，其负载的意义对立展开，由阴性存在向阳性存在的滑动则更为明显。第一组对立：闲与寂。"闲"是苔藓为人所赏，志趣高洁之态：石上苔"能崎屈上生，斑驳下布"，使人"咀松屑以高想，捧丹经而永慕"，水苔"镜带湖沼，锦匝池林"，令人"徒马疲而不能去"，"虽蚕饥而不自禁"，而苔藓形态舒展，自成美景趣致。"寂"是苔藓蔓生之处，人迹少至之景象：苔藓遍布之屋宇"昼遥遥而不暮，夜永永以空长。零露下兮在梧楸，有美一人兮欷以伤"，而英雄征战之战野荒冢"寂兮如何！苔积网罗。视青蘼之杳杳，痛百代兮恨多"。苔藓与其观者之意象的直接对比，使得文本的语义出现了对立和不统一：这种义素上游动的不统一性，看似造成了文本意义的分裂，但在古诗这种意义结构稳定的体裁中，通过转化，事实上能够更加进一步深化文本的象征意味。苔藓之闲适自若能够为人所赏，在于赏者之志趣与常人迥异，故此，其"杳杳"空积、少人探访，也不足为怪：它的美与趣，本就是有识之士方能慧眼有加之特质；而苔藓的乏人问津，正是它的可贵之处。

　　第二组对立："无用"与"有用"。这一组对立存在于苔藓与其他植物的比较中："彼木兰与豫章，既中绳而获天。及薜荔与蘼芜，又怀芬而见表"，相形

------

　　①　关于伴随文本及先后文本的概念，详见赵毅衡：《符号学原理与推演》，南京：南京大学出版社，2011年，第141–146页。赵毅衡曾举《金瓶梅》和《红楼梦》为例，来说明《红楼梦》这一出现在《金瓶梅》之后的文本对《金瓶梅》的"影响"，从而说明文本的"逆时间"解读影响是普遍现象。

之下，苔藓之无用"至哉"。然而，深合道家与禅意之美学的，正是苔藓的
"无用之用"：正因为苔藓能够"居闲而就寂"，"乃芜阶翠地，绕壁点墙"，甘
为陪衬，恬淡自安，才有"异人贵其贞精，道士悦其迥趣"。江淹在《构象台》
中写道："曰上妙兮道之精，道之精兮俗为名。……苔藓生兮绕石户，莲花舒兮
绣池梁。伊日月之寂寂，无人音与马迹。耽禅情于云径，守息心于端埵。"苔藓
俨然是道心、禅意、超然俗世之外的象征，这在禅诗中表现尤为突出。栖白
《寻山僧真胜上人不遇》之"松下禅栖所，苔滋径莫分"，孟浩然《寻香山湛上
人》之"松泉多逸响，苔壁饶古意"，贯休《湖头别墅三首》之"桑柘参桐竹，
阴阴一径苔。更无他事出，只有衲僧来"，如此种种，不胜枚举。连深受中国文
化影响的高丽，其古七律诗中都有"石迳崎岖苔锦斑，锦苔行尽入禅关。地应
碧落不多远，僧与白云相对闲"之语，由此可见，《青苔赋》在意象对立中正
式建立的青苔"无用之用"美学意义，其影响之深远。在《青苔赋》中，对苔
藓的消极描述总是能够和对其的肯定、赞美相互缠绕，就好像里法台尔所说的，
诗歌中的"核心语"（hypogram）总是有着变体，在这些对立的变体之意义碰撞
中，各种隐喻和象征应运而生，它们共同指向了诗歌最核心意义的生产。[1] 而
《青苔赋》的核心意义，就在于它确立了一个美学和伦理传统：将鲜有人欣赏
的青苔，作为超然高洁的精神象征加以赞美和书写。

　　这一美学和伦理传统的确立，使得苔藓的象征意义具有了多维性：一方面，
苔藓蔓生之地作为少人问津的符号，意味着寂寞与幽怨，故而成为宫怨、闺怨
及士人郁郁不得志的情感表达载体；另一方面，苔藓又意味着甘于清贫寂寞、
超脱于世俗的高洁精神，是君子隐逸之心的象征。这种意义上的对立共生，使
得苔藓的文学形象富有张力，格外丰富。尤其是其积极象征意义的生成，极大
地促进了苔藓作为独立的美学和文学对象被观照、书写和再现。如李剑锋指出
的，咏苔的诗歌和辞赋数量众多，在中国文学中已经成为独特的景观。不止如
此，如前文所言，它与其他景物共构艺术意象的情形也比比皆是。苔与竹的共
构自不待言：从生态符号学的角度而言，竹荫之地湿润少阳，适合苔藓生长，
是生态学意义上的植物共生群落圈；而它们作为君子之象征的美学与伦理意义，
更是交织生发，形成了比单个象征更为丰富有力的文本。

---

　　① 里法台尔：《描写性诗歌的诠释》，赵毅衡编选：《符号学文学论文集》，天津：百花
文艺出版社，2004 年，第 362 页。

与此类似的，是松与苔的意象共构：两者同为君子之象征，因此在文学艺术创作中经常共同构成景象。吴都文"谈空幽隐入烟萝，路合松苔岁月多。问道无门明五教，进斋何处爱三诃"之句，以松与苔喻禅道之心；刘崧"中峰九叠开芙蓉，春云盘盘上高松。苔径未逢秋雨展，石楼似听霜晨钟"之句，则以松和苔的景象勾勒山水之意；岑参之"竹径厚苍苔，松门盘紫萝"，更是将松、竹、苔三者的意象并置，描画出禅修高士隐逸于林泉，与世无争的清净之态。这样的意象共构，不仅在文学中十分鲜明，在艺术创作中也相当突出：不管在山水画还是园林盆景艺术中，皆是如此。

## 三、中国传统艺术中的苔藓：山色之提喻

提喻作为重要的符号修辞格，其喻体和喻旨之间的关系是以局部代整体。赵毅衡认为，几乎所有图像都是提喻，因为图像并不能给出景象之全貌，即使是现实主义的艺术和写实性的纪录片也是如此。[①] 山水画不可能穷尽山水之全部细节观相，园林盆景艺术也是造景于方寸之间，其提喻的性质不言而喻。下文特别对苔藓作为修辞符号的提喻性质加以讨论，是因为它在山水画和园林盆景艺术中，是整体青苍山色、芳草树木遍生的象征。

园林盆景艺术是传统的植物载体艺术，将富于文化与美学意味的植物山石移入居所，再造自然，以实现人与自然的交互相融，是古人持之以求的生活理想与生态想象。在对自然的再造中，驭繁于简、以点带面地建造植物群落景象，既是中国美学写意传神之精神所在，亦是囿于空间格局之必须手段。然而，在当代生态学视阈下的园林艺术研究者，却对植物之"物格"与"人格"的比附颇有微词，认为"花木一经披上隐喻的外衣，竟因此有了高下贵贱之别"[②]。吴明益在评论刘大任对园林建造中植物之"道德中立"视角时提出，这是一种更为宏大的生态观："在园林之外，人类或者也应反省生态殖民与生态改造，让人造园林能与自然对话，生物各安其位。"[③] 此种观点，深受西方生态批评之去人

① 胡易容、赵毅衡编：《符号学—传媒学词典》，南京：南京大学出版社，2012 年，第 194 页。

② 王盛弘：《植物的隐喻——刘大任〈园林内外〉的主知性格》，《新地文学》2008 年第 1 期，第 67 页。

③ 吴明益：《造心景，抑或安天命？论刘大任〈园林内外〉中的园林观与书写特质》，《台湾文学学报》2009 年第 9 期，第 199 页。

类中心化思想的影响，对于反思生态圈的整体生存与繁殖权益，当然不无裨益；但是，正如生态符号学研究所指出的，每一种生命体的意义世界，都是以自我的生命图示为中心建构而成的，正因如此，"周围世界"（umwelt）在英译中才有"主体世界"（subjective world）和"自我世界"（self-world）的译法：生态圈作为生命符号活动相互联结的网络，是不同生命体之意义世界相互调适和融合的结果。在生态符号学的研究中，已经开始出现对全然去人类主体化的生态培育观的反思，例如，库尔等人就对爱沙尼亚的树植草坪进行过考察，他们指出，人类对树植草坪的维护和管理促进了这一自然文本中的物种的丰富性，使其成为一个更为平衡和具有可持续性的生态系统。[①] 因此，完全抛开人在再造自然过程中的主体性，或者说强行剥离附着于植物之上的象征意义，这种"去语境化"（decontextulized）的做法，在园林盆景艺术的创造中不仅并不可取，在实际上也是无法达成的。

　　事实上，由于中国文化对自然界的映现方式，是强调心灵的直观体验和情感浸润的，文学家和艺术家对景物的取象，是建立在对自然界的长期观察、见微知著上的。潘富俊曾写道："许多诗人对植物的生态、生理性状了解深刻，适切地引述植物于诗句中，如岑参的《白雪歌送武判官归京》：'北风卷地白草折，胡天八月即飞雪。忽如一夜春风来，千树万树梨花开。'大部分的草类凋枯时成黄褐色，称为'枯黄'，只有白草枯萎时全株白色，所以名为白草。本诗用秋枯的白草和春天成片果园的梨花形容飞雪的颜色和意境，也只有熟悉这两种植物形态特征的诗人，才能写出这样的诗句。"[②] 不仅如此，艺术家们对植物生长的生态环境也极其熟悉，因此在园林盆景的植造中才有竹与苔、松与苔的组合：这固然是由于这些植物的美学与伦理意涵相辅相成，交织共生；从生态学而言，它们本身也属于同一生物群落，苔藓的培植有利于地表的蓄水；在自然界中，苔藓层中的微生物和昆虫形成的生物关系，与有机物分解和植物生长之间的良性循环，有利于生态圈的稳定和多样性。将其培植于园林之中，对于人造的植物群落生态也不无益处。现代园林研究发现，苔藓受病虫害侵扰的可能性较小，对于

---

　　① KULL K, KUKK T & LOTMAN A. When cultures supports biodiversity：the case of wooded meadow//BUBANDT N, KULL K & ROEPSTORFF A. Imagining nature：practices of cosmology and identity. Aarhus：Aarhus University Press, 2003：76 - 96.

　　② 潘富俊：《草木缘情：中国古典文学中的植物世界》，北京：商务印书馆，2016 年，第 32 页。

污染极为敏感，是优良的环保绿化植物。① 由此可见，苔藓与其他植物在园林盆景中的搭配培植，是古人在长期实践中积累的生态智慧的结果。杜牧的诗句可作为这种生态关系的趣解："青苔满阶砌，白鸟故迟留。"白鸟之迟留，从文学隐喻的意义而言，自然是对青苔之苍翠景观的流连；就生态学而言，又何尝不是在苔藓蔓生的草木层中觅食之行为呢？苔藓之于生态环境的益处，在此得一写照。

中国文学艺术不仅关注奇花异卉，对青苍碧意之物亦甚为着意，多将其作为气节心志之寄托。松、竹、梅、菊四君子，其动人之处皆不在于鲜妍轻盈之形态，而在其苍翠劲爽的傲霜之姿。② 苔藓长于低污之处，却能舒卷而生，保持青翠之姿，这是它获得艺术家青睐的重要原因。杨炯《青苔赋》有云："苔之为物也贱，苔之为德也深。夫其为让也，每违燥而居湿；其为谦也，常背阳而即阴。……有达人卷舒之意，君子行藏之心。"苔藓成为君子之居所的象征，在园林盆景中，有着特殊的"养苔法"，用以培植绿苔。《苔谱》记载的生苔法为："欲上生苔，以荬泥、马粪和匀涂润湿处，不久即生。"现代盆景培植则有快速上苔法、接种法、自然上苔法等多种方式。③ 在园林和盆景艺术中，摆建而成的山石满铺青苔的景象，象征着想象中的山水青葱苍翠、草木丰泽的全貌，而苔藓在此处是山色葱茏、满山草木的提喻。

在中国山水画艺术中，更是有以"点苔"喻植被丰泽之象的传统，即在石头、地面、枝干、树根旁等，加上细点，作为苔藓、杂草，或在峰峦上加细点，作为远树之象征。如段炼所言，山水画的能指与所指之间的关系是非任意性的，④"点苔"之"苔"能成为山林草木的象征，既是因为其画法上的形象像似，亦是源自于苔藓的美学与伦理意味。苔藓之美及其作为高洁精神的象征意义，已然在文学中成为强大的传统；而中国书画与诗词艺术的相通性，以"点苔法"的发展强化和丰富了这一传统。

唐志契《绘事微言》有云："画不点苔，山无生气。昔人谓：'苔痕为美人簪花'，信不可缺者。又谓：'画山容易，点苔难'，如何得轻言之？盖近处石上之

---

① 庄强、周瑞玲：《苔藓植物的生态功能及其在园林中的应用》，《林业科技开发》2006年第3期，第94页。

② 潘富俊：《草木缘情：中国古典文学中的植物世界》，北京：商务印书馆，2016年，第139–146页。

③ 江玉珍：《浅析苔藓的山水盆景景观营造》，《现代园艺》2012年第1期，第42页。

④ 段炼：《索绪尔符号和中国山水画的重新定义》，《符号与传媒》2016年第1期，第86–105页。

苔，细生丛木，或杂草丛生。至于高处大山上之苔，则松邪柏邪，或未可知，岂有长在突处不坚牢之理。乃近有作画者率意点撮，不顾其当否，倘以识者观之，皆浮寄如鸟鼠之粪堆积状耳，哪得有生气。夫生气者，必点点由石缝中出，或浓或淡，或浓淡相间，有一点不可多一点不可少之妙，天然妆就，不失之密，不失之疏，岂易事哉。"可见，"点苔"在山水画中相当重要，是画山水之妙法。山石轮廓画成后，其形过于光滑单一，山势层次的丰富度不够，就需要用"点苔"来增加物象的神采。沈颢在《画麈》里说"古多有不用苔者，恐覆山脉之巧，障皴法之"，是以无衬有，以否定态反说"点苔"技艺必须得法，才有其后"山石点苔，水泉索线，常法也。叔明之渴苔，仲圭之攒苔"之语。苔点的疏密、浓淡、大小、虚实、远近、干湿，是艺术家调整画面结构和明暗，表现环境之苍枯润泽，季候、心境之萧索与和煦的重要方式。郑绩在《梦幻居画学简明》中说，点苔得法，能够"助山之苍茫"，"显墨之精彩"，点苔在山水画中的重要性可见一斑。

点苔手法众多，历代山水画名家都自成一格，如倪瓒之横苔，赵孟𫖯之立苔，米家父子之大小米点，等等。石涛更是对点苔的具体手法和运用得宜与否进行了理论上的概括："古人写树叶苔色，有深墨浓墨，成分字、个字、一字、品字、幺字，以致攒三聚五、梧叶、松叶、柏叶、柳叶等垂头，斜头诸叶，而形容树木山色，风神态度，吾则不然。点有风、雪、雨、晴四时得宜点，有反、正、阴、阳衬贴点，有夹水、夹墨一气混杂点，有含苞藻丝缨络连牵点，有空空阔阔干燥没味点，有有墨无墨飞白如烟点，有如焦似漆邋遢透明点，更有两点未肯向学人道破，有没天没地当头劈面点，有千岩万壑明净无一点。噫！法无定相，气概成章耳。"点苔法作为山水画手法，并无定相，而是意蕴随心，因气而生，与画者之人格紧紧相连。段炼论及山水画的符号学意蕴时曾指出，山水画的物象选择是将自然物人格化，不仅如此，其表现手法也是人格之符号化，[①] 诚哉斯言！

笔者无意进入对山水画之专业笔法的分析讨论，而是想以"点苔法"说明苔藓作为一个美学传统，在中国艺术中的重要意义：尽管苔藓仅是自然中形态最为微小平常之物，却因其被赋予的特殊美学和伦理意义，而成了一种象征，成为精神与理想之寄托。苔藓从寄寓伤情幽意之物，转变为怡然自乐的君子象

---

① 段炼：《视觉文化与视觉艺术符号学：艺术史研究的新视角》，成都：四川大学出版社，2015 年，第 64 – 65 页。

征，并和其他的景物一道共构为文学和艺术之图景。此种图景，在园林艺术和山水画艺术中，亦得到了再现：竹石盆景中的青苔，松竹图中苔藓斑驳的山石，都是对这种共构意象的不断重建。如赵毅衡指出的，象征之所以为象征，可以是个人的创建，但象征要成为文化的、社群的，必须依靠不断的复用，意义才能累积形成。[①] 苔藓的象征意义在不断的复用中越来越丰富，表现形式也更为多样，成为强大的美学传统。这样的传统，在当今的文学和艺术创作中，仍然相当鲜活。

## 四、现当代文学与艺术中的苔藓：符号形式的转变

在整个中国文化与现代性相遇的过程中，苔藓作为一个传统的美学符号，并未销声匿迹，而是以新的形式出现在现当代文学和艺术创作中。就如洛特曼所说的，文本不会消亡，它可能以另外的形式在文化中被重新激活，[②] 在当代文学中，苔藓虽然甚少以独立的歌咏对象的形式出现，但作为诗歌的铺陈意象和文学隐喻，它的象征意义得到了留存和发展。

前文已经提到，苔藓蔓生于孤塚古迹之中，给人以岁月苍凉的凭吊伤情之感，因此古人多有沉郁萧索之句。在现代诗人构筑的意象图景中，苔藓往往作为繁华意象的反面，在诗句的对立语意中缓缓展开。卞之琳的《倦》，就以系列的微小之物，铺陈出喧闹与沉寂的景象对比，以反衬心境的落寞疲惫："忙碌的蚂蚁上树，/蜗牛寂寞的僵死在窗槛上/看厌了，看厌了；/知了，知了只叫人睡觉。/蟪蛄不知春秋，/可怜虫亦可以休矣！/华梦的开始吗？烟蒂头/在绿苔地上冒一下蓝烟吧？"在知了的喧闹声中，绿苔上的烟蒂静默地熄灭，青烟随之消散；暮色四合中暗光不再，即便入梦，梦境亦沉沉无味：层层的意象重叠，题目之"倦"字这一核心语的意义由此浮出。

在翟永明的《随黄公望游富春山——幽致叹何穷》中，苔藓亦是作为现代繁忙生活之反面出现的；而同它一起出现的，还有传统中的"共构意象"：竹。诗的开篇首句："从容地在心中种千竿修竹/从容地在体内洒一瓶净水/从容地变成一只缓缓行动的蜗牛/从容地把心变成一只茶杯/从来没有生过、何来死？"竹

---

① 赵毅衡：《符号学原理与推演》，南京：南京大学出版社，2011 年，第 203 页。

② LOTMAN J M. Universe of the mind：a semiotic theory of culture. SHUKMAN A trans. Bloomington：Indiana University Press，1990.

之隐逸超脱，衬托出诗人勘破生死之求。在诗歌徐徐展开的意象中，枯坐苍山、闲落棋子、物我相忘的老人，和枯坐网吧、自我消解、猝然离世的青年，寄情山水的老者对死生之超然，和现代人的苍白病弱形成了强烈的对比，似乎建立起了某种积极意义。然而，在猝死者最后的模糊意识中，这种对古人诗意生活的眺望被猝不及防地打断："最后时刻/冠状动脉像暗红花朵怒放/瘦骨铮铮作响/排山倒海的淤血/钻进一颗狂狷之心/浓墨　淡墨/青苔　碎苔/死灰　铁灰/点状　网状/不过意思而已。"墨与苔藓代表的禅意生活，与数据化的灰暗网上生活，最后都殊途同归，走向无法拒绝的死亡："一口呼吸转向我/叙述者索要那些签名/你不能怀疑我的疑虑/我要去的地方/它不能跟随昨晚/我将手指向那个美好/它完全拒绝随风飘逝/拒绝成为我的一部分/拒绝像生命一样结束/像人本质上/无法选择生死。"死亡之不可逃避，如沉沉黑影般下垂，消极的语意席卷而来。然而，在这样的破碎与消解中，仍然有美好坚固不散，"拒绝像生命一样结束"，诗歌在不断的破除之中，坚持着意义的建立。

　　张枣的《何人斯》，是对《小雅·何人斯》的现代回应，其意象与表达在现代与古典的张力间被烘托得分外强烈；而苔藓作为宫怨诗中的常见符号，在此处的出现意义鲜明，而顺理成章："究竟那是什么人？在外面的声音/只可能在外面。你的心地幽深莫测/青苔的井边有棵铁树，进了门/为何你不来找我，只是溜向/悬满干鱼的木梁下，我们曾经/一同结网，你钟爱过跟水波说话的我/你此刻追踪的是什么？/为何对我如此暴虐。"苔藓所蕴含的幽怨自伤之意，在诗人急切的追问中，和其他词语交织产生出强烈的情感浓度，成就了一个响亮的开篇。同是表达离情伤怀，苔藓的意象在席慕蓉的《鸢尾花》中却变得柔和伤感了许多，带着更多无可奈何的依依之情："所有的记忆离我并不很远/就在我们曾经同行过的苔痕映照静寂的林间/可是　有一种不能确知的心情即使是/寻找到了适当的字句也逐渐无法再驾驭/到了最后　我之于你/一如深紫色的鸢尾花之于这个春季/终究仍要互相背弃。"苔藓所承载的幽怨之意，宁静而自敛，正是哀而不伤之句。

　　在现代诗人中，郑愁予可能是最着意于苔藓意象的一位。在《贝勒维尔》一诗中，哀叹着"你航期误了，贝勒维尔！太耽于春深的港湾了，贝勒维尔！"的诗人以"贝勒维尔呀，哎，贝勒维尔：/帆上的补缀已破了……/舵上的青苔已厚了……"喻时光空掷中急切的归乡之心。《最后的春闱》作为以现代诗形式延续闺怨主题的作品，对苔藓这一象征的运用乃是水到渠成："毕竟是别离的日子，空的酒杯/或已倾出来日的宿题，啊，书生/你第一笔触的轻墨将润出什么？/是青青的苔色？那卷上，抑是迢迢的功名？"青青苔色所寄寓的相思与幽怨之意，在此已跃然纸上：这种已然成为象征的词语引发的情感，不着一语，而意透纸背。而在《望乡人：记诗人于右任陵》一诗中，苔藓的凭吊怀念之意，以及对超然精神生活的向往，表达得相当清晰："松涛涌满八加拉谷/苍苔爬上小筑　黄昏/如一袭僧衣那么披着/醒时　一灯一卷一茶盏/睡时　枕下芬芳的泥土"。可以说，在以现代诗的形式重写古诗题材与意境上，郑愁予是非常杰出的代表。

不仅是诗人以新的表达形式重写着苔藓的意义，在文学的其他领域，这样的意义生产也在持续。袁凌描写底层人生活的非虚构作品，以"青苔不会消失"为题，重复并发展了苔藓的隐喻意义："苔之为物也贱"，生于微末脏污之地，却能顽强地活出青翠之姿。在微如苔藓的小人物之生活中，有争夺与阴暗，亦有温暖和善意，他们如青苔般坚韧地生存着，不会就此消失。在安勇的短篇小说《青苔》中，游走于经济稳固的有妇之夫老秦和精神有问题、身体却年轻美好的小顾之间的中年女人莫丽雅，在湿滑的爱情游戏中，使小顾走向了生命之覆灭——当小顾踩着湖边的青苔去为情人摘取荷花时，他低微的生命和爱情必然会滑入深渊。在这里，除了青苔这一符号生于微末的特质得到了强调，它作为物的湿滑特质也被象征化了，成了欲望之危险暗滑的隐喻。而反过来，这样的美学传统影响着人们在实际生活中对自然物的态度：和西方的居所设计要将苔藓这一湿滑脏污之物清除或忽略在外的做法大为不同的是，中国文化和中国文化影响下的日本、韩国文化皆以赏苔为乐，苔藓在植物群落的生态圈中，起到了重要作用。这是文化符号活动影响到实际生态和生命符号活动的佳例，它也证明：脱离主体来谈论生态，可能是科学式生态研究的实验之法，却并非文化生态研究应有的面向和维度。

第四章

# 符号修辞论

……

## 第一节　论隐喻—转喻的双重机制：符号学透视

*修辞从根本上悬置了逻辑，敞开了令人眼花缭乱的指涉偏移之可能。*

*——保罗·德曼《阅读的寓言》*

### 一、引言：修辞的逻辑—语义双重结构

　　著名的解构主义批评家保罗·德曼（Paul de Man），在其名作《阅读的寓言》之首章，以出色的逻辑性，揭示出文本语法结构（grammatical structures）与修辞结构（rhetorical structures）之间的断层，且掷地有声地宣布：修辞是对逻辑的中止，意指的多样性由是产生。此语一出，格外惊人：西方修辞学的源头，难道不是和逻辑学的缘起共生而互证的么？西方古典修辞学的五个基本构成部分：论点形构（inventio）、论点编排（dispositio）、演说记诵（memoria）、雄辩风格（elocutio）和发声操弄（pronuntiatio），相当重视逻辑的层层推进。亚里士多德在建立修辞三段论时如是说："修辞术是辩证法的某一部分或者是同类的技术，两者都不限于任何一种确定的事物对象，也不是一门专门的科学，实际的情况是，它们都是提出论证的某种能力。"[①] 修辞与逻辑的交相叠合，互为投影，可谓其来有自：德曼何以干脆地斩断历史，对修辞与逻辑的错落如此言之凿凿？

　　德曼的论断自有其缘由：尽管修辞与逻辑一开始密不可分，但是，在西方强大的修辞学传统中，很长时间以来，对修辞格与技巧的重视，远超对逻辑的关注，甚至于不少学者将修辞研究纯粹视为语言研究，而将其与逻辑切分开来。辞格显而逻辑隐，固然与修辞学发展中出现的技巧化倾向有着密切关联，然而，更为根本的原因可能在于，在以语言为媒介的辞格之形成过程中，逻辑辞格，

---

①　亚里士多德：《修辞术》，苗力田主编，颜一译：《亚里士多德全集》（第一卷），北京：中国人民大学出版社，1992 年。

或者说是符号逻辑的生成机制，本身就是潜藏的符谱，深埋在语义层之下。修辞远非简明扼要、直接指涉性的表达，按昆体良（Marcus Fabius Quintilianus）的说法，在修辞风格所要求的"清晰"和"优美"之间，存在着巨大的断裂：要取得清晰的效果，使用者需注重词语的本义；而要形成优美的风格，词语的转义是必不可少的。因此，辞格本身就是对语言或意义之本义的偏离；而语义那令人难以察觉的滑动，其实是经由特殊的逻辑指涉关系形成的。德曼在解构主义的理论背景中谈论语言与修辞结构之间的断层，对于拆解语言修辞得以生成的结构机制，可谓切中要害；他并不在此停留着力，去透视基本的修辞格是如何经由逻辑上的转折，而形成语义上的滑动与偏移。本节无法完成对所有辞格的语义—逻辑结构透视，仅能择其万一，从符号学出发，将皮尔斯的隐喻观置放在隐喻（metaphor）—转喻机制的符号学论述中，并由此反观隐喻意义生产与转喻之滑动与蔓生的关系。

## 二、皮尔斯的像似三分法与隐喻像似

隐喻作为最为基本的修辞格，早在亚里士多德建立修辞学之初，就已被论及。亚里士多德如是说："隐喻将它物之名给予一物；或通过从属到种，或从种到属，或从种到种，或基于类同。"① 这一定义为隐喻的形成结构提供了初步的描述：一是通过整体与部分之间的联结；二是通过两物之间的同构或相似。当然，《修辞学》对 metaphor 一词的划定可谓宽泛："明喻"（simile）这种通过像似关联词建立的修辞，也被视为是 metaphor（比喻）的一种。关于"比喻"与"隐喻"的种种纠缠，本节无意卷入，仅就作为辞格的、不直接通过像似关联词的隐喻加以讨论；此处，本节意在指出，亚里士多德一开始就已经看到，除了类同性之外，隐喻有着通过部分与整体之间的关系来建立的可能。这一论述隐隐透出隐喻的双重结构：隐喻要实现语义上的创新，必须依靠其下的逻辑转接联合，才能够建立。

对于隐喻的语义生成，修辞学家们已有诸多论述：本节并不旨在说明隐喻的生成方式，亦无法尽举。本章题为"符号修辞论"，对符号学家如何论及隐喻之结构，则务必探明。当代符号学的建立者索绪尔和皮尔斯皆非修辞学专家，但两

---

① 文中所引译文，凡未说明者，均为笔者自译。

者的论述，却都为符号修辞学的逆向重建，提供了理论基础。索绪尔本人的著述中未论及隐喻，但雅柯布森（Roman Jacobson）通过对索绪尔之聚合/组合轴（syntagmatic/paradigmatic axis）模式引申至语言之隐喻/转喻的基本构造模式，以及拉康（Jacques Lacan）借用这一模式进行的心理模式之隐喻—转喻透视，已然广为人知，毋庸多言。而皮尔斯的隐喻观，与后来的符号学家之隐喻—转喻机制论的对应性，却鲜少被提及。事实上，皮尔斯及其追随者的隐喻论，其着眼点有别于由索绪尔之基本符号学模式建立的雅柯布森—拉森传统，后者重在讨论隐喻和转喻如何共构了基本的语言和文本形成机制；而皮尔斯的隐喻论，则与艾柯提出的隐喻—转喻论，以及其后的认知隐喻理论一脉相承，将联结关系视为隐喻之语义层面之下的逻辑结构，由是，转喻成了隐喻得以建立的基础。

皮尔斯对隐喻的讨论并不多见，如安德森（Douglas Anderson）所说的，这在很大程度上增加了讨论皮尔斯隐喻观的难度。尽管如此，在为数不多的几处直接论及隐喻的手稿中可以看到，皮尔斯的观点一如既往地富有创见。首先，皮尔斯对隐喻的提及，是在论及像似符时对像似程度的区分：在他看来，像似符的基础可以分为图像（imaginal）像似、图表（diagrammatic）像似和隐喻（metaphorical）像似。[①] 皮尔斯如是说："可以按照亚像似符之第一性的方式对其进行粗略的区分。只有某种单一品质（或第一位的第一性）的亚像似符是图像（image）；把自身各部分之彼此关系与某物各部分关系相比，从而能够代替事物的关系（主要是或是被视为一种二元关系），此种亚像似符是图表；通过对另一物中的平行关系加以再现，从而来再现一个再现体的再现品质，此种亚像似符是隐喻。"[②] 从这段论述可以看出，首先，隐喻性的像似符并非单纯的相似而已，如作为绝似符号的照片，它虽然是图像像似，但在被解读出任何意味之前，它并不成为任何隐喻。隐喻必然是有意味的，不是某种"单一的品质"。其次，隐喻意味着两物之间的某种平行关系中有着被再现出来的品质，即在隐喻的喻体与喻旨两者之间，必然有被再现出来的品质相联结。至于此品质如何联结平行关系中的两者，按照三分法之层层递进、相互缠绕的关系，可以通过回溯前两种像似性来加以透视。

按安德森所言，皮尔斯首先认为隐喻是一种像似符，它的基础是隐喻像似。

---

① CP 4. 531.

② CP 2. 277.

皮尔斯的三分法向来是相互缠绕、层层递进之关系。因此，在隐喻像似中，必然地包含着图像像似和图表像似。图像像似容易理解，如画像与人像之间明显的视觉渠道之相似关系，就是最典型的图像像似。而图表像似，指的并非一定是空间关系，而是各部分之间的联结。任何具有文化意味的像似符，都可以说是隐喻像似，它与图表像似之间的关系，可以说有相当多的例证。例如，徐小霞在讨论作为大日如来符号的五轮塔时，就曾指出，除了像似性原则之外，层层搭建而成的、相互联结的符号网络结构，共构了一个隐喻性的"像似符号群"：这种空间结构的像似性所构造成的隐喻符号，和后文将要讨论的、艾柯所说的基于转喻机制的隐喻，实则同类。

皮尔斯对"图表"一词相当青睐，在论及指示符时亦有不少论述，此处仅限于他对图表像似的讨论。皮尔斯认为图表像似符是最具有代表性的像似符，他甚至干脆将像似符称为"图表符号"（diagrammatic sign）①。前文已经提及，皮尔斯的三分法有着递进关系，图像像似亦是如此："我们在想象中形成了关于事实之尽可能简约的、某种图表的，也就是像似的再现。……这种视觉图像要么是空间性的，是已然确定的关系的常见空间表现；要么是指代式的，其关系通过想象中的物体、通过遵从某种规则而实现，无论这种规则是规约的还是经验的。"② 首先，在皮尔斯看来，图表像似可以是一种空间关系，他亦将其称为"几何图表"（geometric diagram）。这种空间的像似性是以图像像似为基础，并以空间性的图表像似为主导的，这和皮尔斯在建立符号三分式时的观点是一致的：每一种符号都是像似性、指示性和规约性的混合，但必然有某种性质是其最主要的品质。按照这样的推理逻辑，在处于像似符之递进顶端的隐喻像似，也就必然地建立在图像像似和图表像似之上。

其次，从该段论述中还可以看到，图表像似不仅仅是空间性的，它还是某种逻辑关系，皮尔斯将其称为"逻辑图表"（logical diagram）。这方面最为典型的例子，是皮尔斯所举的三段论：如果 P 为 M，而 S 不可为 M，则 S 不可为 P。此处，皮尔斯认为，联结该三段论的逻辑是"为"与"不可为"。其后，他对其中之一的逻辑联结做了替换：如果 P 为 M，S 为 M 所爱，则 S 为 P 所爱。从逻辑而言，这个三段论仍然成立；但皮尔斯认为这期间存在着推理与情感之间

---

① CP 2. 277.

② ARISTOTLE. Rhetoric and poetics. ROBERTS W R & BYWATER I trans. New York：Random House，1954.

的差别。为了使第二个推论成立，"这一图表必须使用某种特殊的规约符系统—— 一种相当有规则和限度的语言"①。显而易见，逻辑性的图表像似性作为第二种像似性，它致力于透过第三元的存在，在二者之间建立强力的、对应性的逻辑关系；如果说隐喻像似是基于图表像似的，那么，这种强力的、对应性的逻辑关系，就可以是隐喻得以建立的基础。

皮尔斯接下来的论述，可为这一观点提供佐证。他写道，"规整的论证形式如下：首先，用一般性的条件准确地对命题加以描述；其次，遵照这一命题描述图表的创立；再者，以此对命题进行再述；最后，通过图表及其他，为命题的一部分建立比较，从而证明此部分对于这一创立而言是真的"②。如果将这一论证视为隐喻的建立过程，就可以看到比较的建立，是以图表及其他要素为基础的，按前文所说，就是"规约的"或"经验的"规则——只要按照这种规则建立起来的比较，才能证明命题的一部分（某种品质）透过图表（两物之间的替代或指涉关系），才能建立其与图表的创立之间的真值关系（平行的两物之间被再现出来的品质）。图像像似、图表像似到隐喻像似之间的递进关系，是非常清楚的。而图表像似到隐喻像似的递进，除了空间关系之外，还有赖于规约性，即按照规约或习俗，将一物与另一物联结起来。后文将会提到，这种联结关系，无论它是空间性的，还是指涉性的，都是转喻的基本机制。照此看来，早在艾柯之前，皮尔斯的修辞学就已经映射出了隐喻的转喻机制，尽管其模式还粗糙且模糊，却已经遥遥指向了对隐喻的结构透视。

## 三、艾柯及认知隐喻理论的隐喻—转喻机制

在符号学研究中，最为著名的隐喻—转喻机制，是雅柯布森对索绪尔语言结构模式的转化发展，隐喻和转喻也由此被视为基本符号轴构造。然而，艾柯（Umberto Eco）的研究却独树一帜，返回到作为文学修辞的隐喻之架构上去。他在讨论隐喻的生成时如是说："每一个隐喻都能回溯至其下的转喻联结之链，后者构成了符码的框架，任何部分的或（理论上而言）整体的语义范围，都基

---

① CP 2. 277.

② CP 2. 601.

于这一框架形成。"① 艾柯所举之例是《芬尼根的守灵夜》。乔伊斯作为一代文
学巨匠，建史于梦呓之流沙，其丰富的隐喻之层出堆叠，源自于所描摹之片段
对维科所构筑的人类史阶段框架的按图索骥：隐喻之下的转喻联结昭然可见，
自不待言。艾柯认为，不仅诗性的隐喻（poetic metaphor）有着潜藏的转喻架
构，凭借此结构进行语义生产；普遍的隐喻（metaphor in general）亦是如此：
隐喻作为转义，必然是对本义的偏离，这种意义偏离即新的符义联结（semantic
coupling），它依靠转喻的邻接性和指涉滑动得以实现。

　　与艾柯同时代的语言学家们，对转喻作为基本意义机制所进行的隐喻生产，
都颇感兴趣。莱考夫（George Lackoff）和约翰逊（Mark Johnson）注意到，"象
征性的转喻"（symbolic metonymy）是联结日常生活经验和宗教文化之"连贯的
隐喻系统"（coherent metaphoric system）之所在②。如鸽子洁白优美，性情温
和，时常翱翔于天际，是天堂之象征。前两个特征与天堂之间的关系，是由
"相似性"引发的联想，天使与圣灵皆如此；后一个特征，即鸽子与天堂之间
更为直接、有力的联系，是联结性的，即天空是鸽群飞翔之处，亦是圣灵、天
使之所在。鸽子、圣灵/天使和天空之间的联结性，说明了转喻机制在隐喻之生
成的基础作用。③

　　不少语言学家对艾柯和莱考夫等人的观点进行了批判。特勒（John Taylor）
曾提出过反例，即由通感而产生的隐喻。通感是从一个感观域到另一个感官域
的"映现"（mapping），它的形成机制在于不同感官域在概念框架内的转换，
而非转喻性的邻接置换。④ 特勒的反驳看似有理，诸如"甜美的音乐""黑暗的
情绪"这样的隐喻，的确无法用"空间邻近性"加以解释。但是，如果我们回
到乌尔曼（Stephen Ullmann）的研究，就能看到通感隐喻之所以能够形成，依
靠的是感官之间的序列关系，就如作者说的，通感"倾向于从较低级的向较高
级的感官、从分化程度低的向分化程度高的感官转移"⑤；如果将感官序列的邻

---

①　ECO U. The role of the reader: explorations in the semiotics of texts. Bloomington: Indiana
University Press, 1984.

②　LACKOFF G & JOHNSON M. Metaphors we live by. Chicago: The University of Chicago
Press, 1980: 41.

③　ECO U. The role of the reader: explorations in the semiotics of texts. Bloomington: Indiana
University Press, 1984: 68.

④　TODOROV T. Théories du symbole (xiang zheng li lun). WANG G Q trans. Beijing: The
Commercial Press, 2005: 139.

⑤　ULLMANN S. The principles of semantics. Oxford: Blackwell, 1957: 276.

接性视为转喻的机制之一，那么，通感比喻之下，亦是转喻结构在起作用。科威克瑟斯（Zoltán Kövecses）则将隐喻分为"相似隐喻"和"相关隐喻"，并提出仅有"相关隐喻"的生成，才依靠转喻机制起作用。然而，"相似隐喻"的机制何在，作者存而未论。

托多罗夫（Tzvetan Todorov）在对象征进行讨论时，曾引用维科对埃及象形文字发展的研究，来说明语言符号的修辞性。维科讨论了作为"相似隐喻"的象形文字如何产生，这一研究或许能为相似隐喻的符号机制考察，提供一点启示。维科指出，图画文字的建立，可以用事物的工具来代替事物本身，这是一种借代或隐喻（笔者注：借代是转喻的亚类），如用眼睛来代替上帝的无所不知；而象形文字，则是寻找类同和相似，它是对图画文字的进一步发展。① 象形文字是邻接性和像似性共同作用的结果，如此的"相似隐喻"，亦是建立在转喻的基础之上。

如果对转喻机制的作用稍微加以扩充，对于象形文字之外的"相似隐喻"之形成，就能做出更为清晰的洞察。这也正是托多罗夫的杰出之处——在《象征理论》一书中，他的论述沿普遍辞格之转义而及语言符号之修辞性，进而涉及梦之隐喻与象征。他如是评述弗洛伊德关于梦的"凝聚"与"统一"形成机制："凝聚是指任何一个能指展示出不止一个所指，是现有的某个句子和这个句子以某种方式象征的一个或几个没有出现的句子之间的关系。这是一种不在现场（in absentia）的关系。相反，尽管大家对'统一'的确切定义还把握不准，所有举的例子都说明这是存在于两个或好几个现有单位之间的一种关系。因此，这是一种在现场（in praesentia）的关系。"② 考虑到弗洛伊德将"统一"视为"语义的邻近""新关系的建立"和"移置"，"统一"的转换机制实际上并非替代，而是关联性的，因而如托多罗夫所言，它确实是"在场"的。而"凝聚"是所指在语义上对原有语义的超越和替代，用弗洛伊德的话说，"凝聚"是靠"省略"才能实现的。被省略掉的是什么？如前文所言，在隐喻的转义中必然有着逻辑上的转折，它被语义层覆盖而不显。赵毅衡曾引用拉康，来说明"凝聚"和"移置"实则是隐喻和转喻③，笔者同意这一观点，"凝聚"确实是隐喻对类似性的对应建立；但"统一"中的另一范畴，"新关系的建立"，也是

---

① 茨维坦·托多罗夫著，王国卿译：《象征理论》，北京：商务印书馆，2005 年，第 298 页。
② 茨维坦·托多罗夫著，王国卿译：《象征理论》，北京：商务印书馆，2005 年，第 325 页。
③ 赵毅衡：《符号学》，南京：南京大学出版社，2012 年，第 195 页。

隐喻的一种——它建立于转喻之上。如此，就能够解释弗洛伊德何以将"凝聚"和"统一"有时加以混淆。弗洛伊德所举的例子是：一月是表达祝愿的月份，其他的月份则是祝愿落空的月份。由此而形成的比喻是人生的两个阶段，第一个阶段是对第二个阶段的期盼；第二个阶段又盼望重返第一个阶段。在此，"统一"机制的"新关系建立"，是通过"省略"来建立的：一年中对祝愿之"发出"与"未实现"的阶段，被转换为人们对一年中的不同时间段的彼此期盼。这种将祝愿与期盼相联结的机制，是靠转喻实现的。而对一年中不同时间段的彼此期盼，与人生在不同阶段的相互期盼之类同，则是隐喻的类同机制起作用。在此，既有"在场"的关系，即不同时间阶段的联结在场，亦有"不在场"之关系，即新的比喻中，对人生阶段的相互盼望取代了人们在一月和其他月份对时间的彼此期待。如是，隐喻得以在转喻的基础上建立。

　　当代认知语言学进行的研究，则建立了更为细致的转喻—隐喻模式。格莱迪（Joseph Grady）和约翰逊（Christopher Johnson）将转喻的基本原则从"邻近性"扩展到"概念和指涉的关联"（conceptual and referential association），即转喻可以是修辞的建立者以规约方式建立的指涉关联，这就和特勒的看法达成了一致——特勒认为，转依靠邻近性或同一个概念框架中的指涉而生成。① 以一物指涉相关的另一物，这种概念的替代就是转喻性的。由此，我们不免会想起雅柯布森提出的，以"聚合/组合"为基本轴面的符号生产机制：转喻的指涉作用，已经超越了语义层次，到达了逻辑层面；而隐喻要成立，必须依靠经验中的"相互关系"（correlation）——对隐喻之喻体和喻旨之前类同和相似性的寻求，就是这种相关关系的体现——它复归于语义，以语义的偏离、变化为结果。如是，隐喻在逻辑和语义上的双重偏移得以形成。

　　不仅如此，从认知符号学讨论隐喻的形成，这就为隐喻机制提供符号学的描述可能：从隐喻的建立而言，符号要从本义引向转义，必须依靠转喻机制的邻近性和指涉性，这是符号的表意（signification）阶段；而隐喻要被接受，则须被放置在经验之中，依靠类同、相似甚至规约等关系，才能完成，这是符号

---

① TODOROV T. Théories du symbole（xiang zheng li lun）. WANG G Q trans. Beijing：The Commercial Press，2005：124.

的传播（communication）阶段。[①] 隐喻的转喻机制，如图 4 - 1 所示：

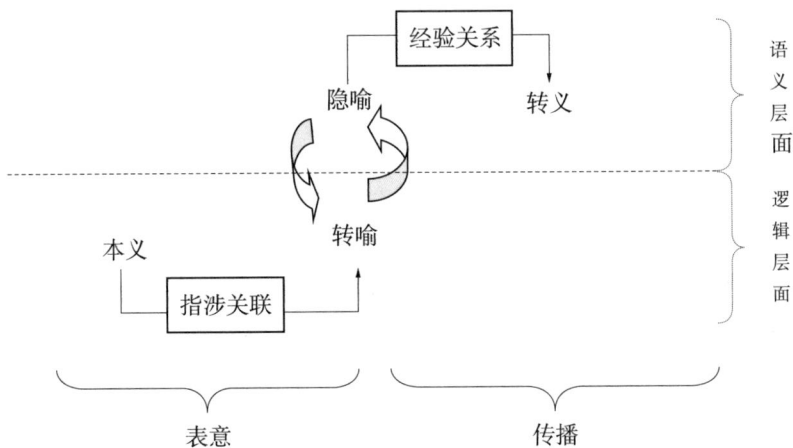

图 4 - 1　隐喻的转喻机制

## 四、隐喻意义的生产：转喻的滑动与蔓生

隐喻的意义变动不居，它作为符号总是多义的、模糊的。隐喻的意义生产作为符号活动，是从一个解释项向着另一个解释项的延伸，这是任何符号意义生产的衍义过程。在这个过程中，隐喻这一无限衍义过程"并不一定都是累加解释，也有打破固有符号意义而不断去创建新符号的可能"[②]。所谓"累加解释"，回应的是赵毅衡对于隐喻与象征之关系的论述，如赵毅衡所说，象征的确可以是隐喻的复用形成的。[③] 隐喻富有象征意味，这在文学作品与文化现象中更是恒河沙数，不胜枚举。

作为具有象征意味的、融合了规约性的符号，隐喻的意义是如何增长的呢？诺特（Winfried Nöth）认为，隐喻的延伸往往伴随着语义的缩减，它并非真正

---

① GRADY J & JOHNSOA C. Converging evidence for the notions of subscene and primary scene//DIRVEN R & PÖRINGS R. Metaphor and metonymy in comparison and contrast. Berlin: Mouton de Gruyter, 2002: 533 - 554.

② 黎世珍：《论河图洛书作为一种元符号》，《符号与传媒》2017 年第 2 期，第 136 页。

③ 黎世珍：《论河图洛书作为一种元符号》，《符号与传媒》2017 年第 2 期，第 204 页。

的符号生产，只是语言的变化；而真正的规约符号的增长，必须要有外延的扩大。① 的确，在隐喻意义的变化过程中，旧有意义的消失当然是相当常见的：因着隐喻之下的转喻滑向另一个邻接点，喻旨随之进行了转移。例如，绿头巾原为供膳仆人的转喻，《新唐书·车服志》即云："平巾绿帻者，尚食局主膳，典膳局典食，太官署、食官署供膳，奉觯之服也。"因此，古人用"绿帻"这一隐喻来借指地位低下的人群，李白即有诗云"绿帻谁家子，卖珠轻薄儿"（《古风》其八）。然而，当隐喻其下的转喻滑向另一类人群——元朝以后以戴绿巾者代表娼妓，隐喻的意义随之变化，现今俗称的"戴绿帽"，也并非隐喻某人地位低下，而是指其配偶有关系外的性行为。随着转喻的滑动，隐喻的旧有意义消失，只剩下新的意义。在隐喻的意义生产中，转喻的滑动不断形成新的解释项，从而实现着喻旨的转移；而转喻与转喻共同指向相同或相似之喻旨，借以生成的隐喻群，是隐喻延伸的另一种方式。转喻的滑动和蔓生，是隐喻生产的机制所在，亦是符号学视角下的隐喻研究，需要详加探讨，值得继续深入研究。

## 第二节　转喻作为自然修辞的基本符号机制

自然如何作为符号文本建构和再现，向来是符号学的关注点之所在；而当今社会的媒介转化与发展，极大地影响着自然的再现方式，符号学与传播学结合、对其进行考察的研究方法，在生态符号学研究中也越来越重要。正如麦克卢汉所指出的，"一切媒介都要重新塑造它们所触及的一切生活形态"②，人的感知经验、思维模式，甚至整个被感受到的世界，都受媒介技术的发展所影响。米歇尔为人们指出了"图像转向"时代的来临③，在这一时代，电视、电影及

---

① 温弗里德·诺特著，彭佳译：《符号的增长》，《鄱阳湖学刊》2016 年第 6 期，第 43 — 57 页。

② 马歇尔·麦克卢汉著，何道宽译：《理解媒介——论人的延伸》，北京：商务印书馆，2000 年，第 86 页。

③ MITCHELL W J T. Picture theory: essays on verbal and visual representation. Chicago: The University of Chicago Press, 1994: 11.

网络影视等大众媒体构成了感知经验的主要方式，图像成了传媒景观的基本范式。① 在当今的图像时代，视觉媒介是构成感知经验最基础和重要的形式。自然在不同的媒介中如何被建构，这是符号学，尤其是生态符号学必须面对的问题。而视觉修辞，是通过视觉媒介建立说服和认同的过程，它关注的是"视觉话语建构的劝说意义和修辞策略"②。话语的意义机制和形式建构，属于作为意义形式研究之学的符号学的研究范畴，因此，本节对自然修辞从语言层面到视觉层面的转化，集中于从基本的符号修辞机制，即转喻机制的讨论，试图去探讨以符号学研究为视阈的转喻机制，在语言媒介和视觉媒介的自然修辞中，如何起到基础作用。

## 一、符号学作为视觉修辞的研究路径

要讨论自然在视觉媒介中的文本再现，就需要对视觉媒介的自然修辞及其模式加以审视。由于视觉修辞与语言修辞之间存在着相当程度的关联和差异，对语言与图像这两种不同性质符号的转化研究，有助于考察视觉媒介的自然修辞如何生成。当代视觉修辞的起点是符号学家罗兰·巴尔特的《图像修辞》一文，这已是公认的事实。在这里，首先要厘清的是"视觉修辞"与"图像修辞"之间的关系。严格说来，"视觉"是指生理性的感官渠道，乃是我们感知和接收符号信息的通道——符号借助一定的媒介，如声波、光波和电波，传达到渠道，为人所感知。而"图像"则是符号的呈现形式，它是通过视觉渠道感知到的符号之一。③ 因此，"视觉修辞"要处理的范畴，远大于"图像修辞"——如果说修辞是形式的变异和意义的转义，那么，图像修辞所处理的，仅仅是图像在各要素形式组合的变异和意义转变上的关系，而视觉修辞所涉及的范畴，还包括电视、电影、影像化的网络文本和符号，以及任何其他通过视觉渠道感知和接受的文本所使用的修辞，甚至涉及视觉符号认知中的心象转换所卷入的修辞问题。当然，由于传统修辞学集中于讨论文学及图像艺术问题，

---

① 胡易容：《图像符号学：传媒景观世界的图式把握》，成都：四川大学出版社，2014年，第28页。

② 刘涛：《何为视觉修辞——图像议题研究的视觉修辞学范式》，《湖南师范大学社会科学学报》2018年6期，第5页。

③ 赵毅衡：《符号学》，南京：南京大学出版社，2012年，第124页。

视觉修辞最主要且基本的问题，仍然是图像修辞问题。

图像修辞的建立者巴尔特在古典修辞学与新修辞学之间的传统延续和突破有着高度的自觉。1970 年，在《旧修辞学（记忆术）》一文中，他将旧修辞学定义为"从公元前 5 世纪到公元 19 世纪统治西方的元语言（其对象语言是话语）"①。此定义有两处值得注意：其一，传统的古典修辞学关注的是话语与文学作品的形式、本质和规律，它事实上是对形式和意义机制的探讨；其二，传统修辞学的研究对象是语言文本，而巴尔特旨在建立的修辞学，是普遍意义上的修辞。张汉良曾指出巴尔特的"超语言学"性质，最终建立一般修辞学这门学科的列日学派，并追认巴尔特为"新修辞学家"。② 巴尔特的新修辞学所论甚广，除了对话语修辞提出系列符号学批判之外，他讨论的对象包括摄影、广告、电影，甚至同龄恋的形象修辞。张汉良认为巴尔特最终建立的是"中性修辞学"体系，所涉及的中性修辞格多达三十种，其间，色彩作为视觉修辞的特有修辞格，得到了详尽的讨论；而这些讨论都是在符号学理论以及语言诗学的框架下进行的。③ 巴尔特将话语修辞"移置"到视觉渠道的其他媒介符号之修辞研究中，其研究为如何建立视觉修辞诗学提供了一个绝妙的范例。

赵毅衡指出，符号修辞学是当今修辞学复兴的主要方向，并致力于研究传统修辞格在"语言之外的符号中的变异"④。的确如此，以符号学为进路的视觉修辞研究，对辞格在不同媒介之文本中的发展变形，有着相当的关注。不止如此，它还关注修辞的差异之产生，包括不同文化符号系统之间、不同媒介的符号文本之间的修辞之差异，是如何通过编码/解码的转换过程而得以发生的。简言之，从符号学而言，比较就是一套解释程式，其目的是为两个或两个以上的对象建立形式关系，进而对其建立架构。以符号学为元语言讨论视觉修辞，有助于透视在语言符号与图像符号之间，对比性的差别如何在意义层和表达层形成和"协商"的。转义在图像层面的实现，是视觉修辞必须处理的重要问题；而自然修辞作为视觉修辞研究的重要部分，讨论自然景物的转义如何完成从语

---

① BARTHES R. Rhetoric of the image//HANDA C. Visual rhetoric in a visual world: a critical sourcebook. New York: Bedford/St. Martin's, 1964: 173.

② 张汉良、韩蕾:《罗兰·巴尔特的"中性"修辞学》,《当代修辞学》2015 年第 3 期, 第 18 页。

③ 张汉良、韩蕾:《罗兰·巴尔特的"中性"修辞学》,《当代修辞学》2015 年第 3 期, 第 19－23 页。

④ 赵毅衡:《修辞学复兴的主要形式: 符号修辞》,《学术月刊》2010 年第 9 期, 第 110 页。

言层面到视觉层面的转化，是其题中应有之义。因此，本节将从符号学出发探讨自然修辞和视觉的自然修辞，以期对其深层的转喻机制做出透视。

## 二、转喻作为语言自然修辞的基本机制

所谓自然修辞，指的是在对自然进行表现或再现的符号或文本中，运用修辞方法对自然界中的对象实现的转义或逻辑呈现。在文学艺术中自然修辞相当常见：以自然喻造物主或天堂，以山水喻精神家园，以动植物作为性别、阶层和品格的象征，等等。在自然修辞中，转喻是基本的意义机制：通过对自然物和自然物、自然物和其他对象的联结并置，意象与意象、象征与象征之间彼此呼应、加强，能产生强烈的文化寓意。笔者在讨论动物修辞时曾指出，古人以马和舞女的联结并置来形成可驯服的"野性"意象的共构，这种修辞在古诗中得到了有力的传承。郑嵎《津阳门诗》云："幽州晓进供奉马，玉珂宝勒黄金羁 ……马知舞彻下床榻，人惜曲终更羽衣"；陆龟蒙有"月窟龙孙四百蹄，骄骧轻步应金鞯。曲终似要君王宠，回望红楼不敢嘶"之语，无论是前诗中的意象并置，还是后诗中的跨域指代，以邻近性为基础的马借指舞女之转喻，使得自然修辞达成了与性别话语的符号共谋。

在对自然物的阶层意指中，转喻的基础作用亦是相当明显的。以对伦敦之雾的修辞为例，雾本是自然现象，其色彩、气味和密度，都只是纯粹的物理构成，本身并不带文化寓意。伦敦由于地处海岛的盆地区域，气候潮湿，同时受到海雾和陆雾的侵袭，加之工业化和城市化较早实现、煤烟污染严重，"伦敦雾"的严重和频繁程度，在欧洲可谓屈指可数。对于伦敦雾的色彩，不少文学作品都有所描述：拜伦在《唐璜》中称它为"暗褐色"的；阿加莎的《不速之客》中的浓雾是黑而沉郁的；本森（Edward Frederick Benson）在小说《沙中的形状》（*The Image in the Sand*）里形容它的颜色是"从最深的橘色到灰白色的"；黄遵宪在《伦敦大雾行》中有"望色色皆墨"之句；而在老舍看来，伦敦的雾是"乌黑的、浑黄的、绛紫的，以致辛辣的、呛人的"。然而，在 19 世纪英国文学对伦敦之雾的描述中，对其色彩的描述，却往往是以黄褐色为主的，且有个专有名词"豌豆汤雾"（pea-souper），用来形容伦敦雾近乎铁锈黄的颜色。这一意象是如何形成的，又带有何种文化寓意？科顿（Christine L. Corton）在其 2015 年出版的传记体著作《伦敦雾：传记》（*London Fog：the Biography*）

中指出"豌豆汤雾"一词之所以能够生成，盖其原因，"豌豆汤"乃贫困阶层的生活投影是也。①

　　根据科顿的考证，第一个将伦敦雾比喻为"豌豆汤"的作者，是美国作家梅尔维尔（Herman Melville）。他在《伦敦及大陆行纪》中写道："晨起外出，经常会遭遇旧式豌豆汤式的、铁锈黄的伦敦雾。"然而，与豌豆汤不同的是，伦敦雾尽管一样色彩混浊、质地浓厚，却是"越往下越糟糕的"。在此之后，亨利·詹姆斯（Henry James）、托马斯·卡莱尔（Thomas Carlyle）、托马斯·米勒（Thomas Miller）等人都用"豌豆汤""豌豆布丁"（peas-pudding）来形容伦敦雾，以致在1883年修订出版的《牛津英语字典》中，"豌豆汤雾"已经正式成为一个名词，作为一个指向"伦敦地区特有的雾"的独立能指出现。然而，就如科顿所指出的那样，"我们想到豌豆汤时，常常想到的是绿色，而非黄色"，"豌豆汤"并不是一个最能确切形容伦敦雾之色彩的词，这一比喻之所以能够成为描述伦敦雾最典型的词语，盖其为下层民众普遍食用的廉价食物，与贫困紧密相连，就如哈代在《德伯家的苔丝》中所设定的场景那样——苔丝家用纹有家族徽章的破旧银汤匙来搅拌豌豆汤，其家境的破落不言而喻。科顿的这一论证不可谓不精彩，尽管伦敦雾是自然现象和工业污染，以及所有居民的生活废气污染所共同产生的结果，但"豌豆汤"这一与贫困阶层相联结的事物，却将对自然现象的意义阐释暗地里引向了代表阶层的符号，是伦敦贫困区下层阶级的不良生活习惯而非工业化带来的污染，背负了产生这一自然现象的原罪。"豌豆汤"作为连接性的转喻，一边代表着贫困阶层，一边是对"伦敦雾"的色彩特征描述，由此，原本是属于自然景物和阶层划分两个框架内的对象，在同一物上得以共构，完成了"同框化"，自然修辞实现了对阶层符号意义的话语转化。

　　中国文学的自然修辞有一个独特的辞格：比德。这一修辞方式建立的基础，在于儒家对于自然美的基本观点——自然之所以能够让人产生美感，不在于其自然属性，而在于自然物能够与人"比德"，即成为象征人之美好品德的符号。孔子云："知者乐水，仁者乐山"，山水即君子高贵精神的投射与象征，故《诗经》中有"泰山岩岩，鲁邦所瞻。奄有龟蒙，遂荒大东。至于海邦，淮夷来

---

①　CORTON C L. London fog：the biography. Cambridge：The Belknap Press of Harvard University Press，2015.

国。莫不率从，鲁侯之功"，"扬之水，白石凿凿。素衣朱襮，从子于沃。既见君子，云何不乐"之句。在中国文学的自然修辞中，"比德"的传统相当强大，以至于刘勰对仅仅注重比喻，而不以物象兴发情感的做法不以为然："夫比之为义，取类不常。或喻于声，或方于貌，或拟于心，或譬于事。宋玉《高唐》云：'纤条悲鸣，声似竽籁'，此比声之类也。枚乘菟园云：'焱焱纷纷，若尘埃之间白云。'此则比貌之类也。贾生鵩赋云：'祸之与福，何异纠缠。'此以物比理者也。王褒洞箫云：'优柔温润，如慈父之畜子也。'此以声比心者也。马融长笛云：'繁缛络绎，范蔡之说也。'此以响比辩者也；张衡南都云：'起郑舞，茧曳绪。'此以容比物者也。若斯之类，辞赋所先，日用乎比，月忘乎兴，习小而弃大，所以文谢于周人。"

故此，他才提出应当将"拟容"与"比心"并置，使文章"攒杂咏歌，如川之涣"。可见，对自然万物的"比德"，是中国文学之自然修辞的基本起点之一。

"比德"的本体与喻体之间，是靠相似性来进行联结的：如以竹子的空心有节喻君子风度，以莲花的"出淤泥而不染"喻高洁之心，这一修辞手法的实质，是比喻。如赵毅衡指出的，"明喻的特点是直接的强迫性连接，不容解释者忽视其中的比喻关系"[1]，而隐喻的"喻体与喻旨之间的连接比较模糊"[2]。故在比德的修辞表达中，既有如"予谓菊，花之隐逸者也；牡丹，花之富贵者也；莲，花之君子者也"般径直明白的比喻，亦有如"鹤鸣于九皋，声闻于野。鱼潜在渊，或在于渚。乐彼之园，爰有树檀，其下维萚。它山之石，可以为错"般的含义丰富的意象并置。在这个基础之上，中国文学的自然修辞，以大量的"外应物象"相互呼应联结，共构出具有丰富美学和伦理意义的图景，其喻旨之所以能够为符号的接收者所认知，依靠的是适当的意图定点。而意图定点的确立，常常依靠的是"外应物象"之"家族相似性"，如"芳菊开林耀，青松冠岩列""田园松菊今迷路，霄汉鸳鸿久绝群"，诗句中松与菊的并置，以文化符码的方式植入了"比德"这一修辞手法的寓意，迫使读者必须做出相应的意义解释；而这种并置的手法，从其"邻近性"而言，依靠的仍然是转喻机制，其比喻或者说象征意味的相互对应与强化，是建立在对并置对象之共有概念框

---

① 赵毅衡：《符号学原理与推演》，南京：南京大学出版社，2010年，第188页。
② 赵毅衡：《符号学原理与推演》，南京：南京大学出版社，2010年，第188–189页。

架中的建立之上的。正如笔者在讨论隐喻—转喻之双重机制时指出的，修辞之转义，尤其是隐喻之转义，是依靠基本的转喻机制而建立的："符号要从本义引向转义，必须依靠转喻机制的邻近性和指涉性，这是符号的表意（signification）阶段。"① 邻近性和共同框架中的相关指涉，对于自然修辞的建立，起到了根本性的作用。

### 三、视觉自然修辞的转喻机制

相较于语言媒介的自然修辞，视觉文本的自然修辞，其意义表达机制更为复杂：例如，追求"脱离真实"的当代绘画艺术，与追求"逼近真实"的虚拟文化文本，在对自然物的再现上，其形式与意义生成轨道可以说是反向而行。因此，要讨论视觉媒介的自然修辞，只能从符号转换的层面出发，去审视其基本的意义生产结构。

视觉修辞要实现图像指涉，必然依靠转喻。视觉转喻被分为指示转喻和概念转喻两大类，在时空和意指维度上分别展开。② 自然修辞从语言符号层转换到视觉符号层，依靠邻近性和同框指涉性建立的转喻，得到了相当程度的保留。以上文所说的马与舞女之转喻关系为例，在图像中，这种转喻联结关系得到了更直观的体现。马岭的《舞马图》将佩戴同色飘带饰物的舞马与舞女并置，而钱选的《杨贵妃上马图》中，作为帝王征服对象的贵妃，在图中以既娇柔（可驯服）又有力（但并不独立的驯马者）的形象，和马匹并置联结：马的性别意味昭然若揭。自然物的意义由同一空间中相邻的人物或事物来共构，从而实现了概念的"同框化"：具有性诱惑的、难驯服却可驯服的对象。在视觉的自然修辞中，这种由空间邻近性实现的概念"同框化"，相较于语言自然修辞而言，更为直观地呈现了对自然对象的文化隐喻，也因而具有更强的意义效果。

---

① 彭佳、汤黎：《论隐喻—转喻的双重机制：符号学透视》，《中国比较文学》2018 年第3 期，第 37 页。

② 刘涛：《转喻论：图像指代与视觉修辞分析》，《南京社会科学》2018 年第 5 期，第 119 页。

图 4 - 2　《舞马图》

（马岭，2009 年，纵 100 厘米，横 80 厘米，河南省美术家协会藏）

图 4 - 3　《杨贵妃上马图》

[（元）钱选，纸本设色，纵 29.5 厘米，横 117 厘米，美国弗利尔美术馆藏]

中国文学特有的修辞手法"起兴"，在视觉媒介的自然修辞中，对转喻机制的依靠也是显而易见。所谓"起兴"，即"先言他物以引起所咏之词"，尽管起兴所言所指与主旨并不直接相关，却能起到烘托气氛、渲染情感的作用。在影像作品中，"起兴"是相当常用的手法，如包淑芳就讨论过《百鸟朝凤》中的景物镜头是如何引发观众情感、融入电影叙述进程，从而起到兴发感情之用。事实上，由于"起兴"中所用之景物，在长时间的文化累积中已经成为潜藏的符码，存储于人们的文化记忆之中。它所起到的召唤整体物象和意义的作用，和景物本身作为象征符码的表意不无关系。

在王家卫的电影《东邪西毒》中，纯景物的镜头会突然出现在各段故事叙述的中间，但它并不是常用的场景转换镜头，而是纯然的"起兴"。如在梁家辉扮演的黄药师讲述自己一生求而不得的苦恋时，从回忆爱人的场景中骤然出现远山大雪纷飞的镜头，紧接着跳回他的下一段叙述，以烘托人物内心凄苦冰冷的心境。在电影《梁山伯与祝英台》中，一池碧水涟漪微起的镜头之后，电影的叙述立即进入梁祝的相遇：水是传统起兴中最为常见的意象之一，"参差荇菜，左右流之""关关雎鸠，在河之洲"的文化符码，此时被唤醒而指向了缠绵情爱的发生，微妙的气氛由是得以展现。从传统辞格的角度而言，不论是"外应物象"还是"起兴"，诉诸视觉媒介的自然修辞，大多只是在媒介形式上进行转变，在符号的内涵意义上，仍然是沿用自然景物的传统象征意义。但是，由于视觉的空间和时间序列联结，这种强有力的转喻关系，使得自然修辞对于影像的叙述起到了关键性的推动作用。

同样的，在科顿的《伦敦雾：传记》一书中，当作者进一步对雾霾这一自然景象进行考察时，其研究所涉及的对伦敦雾的图像表达，就深刻地揭示了视觉空间的并置之邻近性转喻对于图像叙述形成的关键作用。昏暗的伦敦雾使得城市的白昼昏暗如夜，人们在室内必须点亮油灯才能阅读，这在 19 世纪的文学作品中多有描绘。在《荒凉山庄》里，原本应当是开阔敞亮的大法院却是阴暗不明的；林奇伯格在游记中抱怨他在伦敦的"早上十点半，也得点起蜡烛写字"；柯南道尔笔下的福尔摩斯，也必须在白天点亮煤气灯，才能捕捉报刊上关于犯罪的种种蛛丝马迹。不仅室内如此，伦敦的街道在白天也是暗影重重，浓郁的烟雾使室外的能见度变得很低，由此催生了一门特殊的服务行业的兴起——点灯业，其执业者多为贫困的伦敦本地居民，他们被称为"点灯者"，专门为路上的行人点灯引路。科顿搜集了大量的报刊和书籍插画，来证明伦敦雾与出身贫寒的"点灯者"如何在图像上被共构为罪恶之源，从而转喻性地再次将贫困阶层移置为污染性的自然现象之原罪背负者。①

在《伦敦雾：传记》所呈现的关于"点灯者"的插画中，其形象主要可以

---

① CORTON C L. London fog：the biography. Cambridge：The Belknap Press of Harvard University Press，2015.

分为两大类：其一，是混迹于伦敦街头，缺乏管教、散漫不恭的年轻流氓，对于街头的犯罪即便不是蓄意共谋，他们也是冷眼旁观、毫无施救之心，甚至浑水摸鱼，趁机发落难财。在乔治·克鲁克尚克（George Cruikshank）1819 年绘制的蚀刻版画《多雾的天气》（*Foggy Weather*）中，由于大雾引发的交通混乱使得行人纷纷跌倒，而"点灯者"却趁此机会检视行人掉落的钱包。同样，在德国画家卢多维奇（Charles Albert Ludovici）的涂色画《伦敦雾》（*A London Fog*）中，衣衫褴褛的"点灯者"们正在浓雾中挥舞着火把，戏弄上流社会的行人。在浓重的迷雾中，向来强有力的社会阶级秩序突然失去了控制力，被轻视和践踏者借由浓雾获得了巫术般的力量，能够从上层阶级那里窃取、游猎，对他们进行嘲笑和戏弄，这无疑是拥有话语权的上层阶级将关于雾与犯罪的偏见投射在"点灯者"之上的重要动因。他们充满义愤地谴责这种窃取和戏弄，在英国著名的报刊《潘趣》（*Punch*）1856 年发表的系列漫画中，对"点灯者"的批评和嘲讽表现得相当鲜明。在这些漫画中，"点灯者"的形象多是小丑式的无赖，凭借浓雾给他们的掩护，肆无忌惮地挑战绅士淑女们的高贵地位，令人不齿。

这种偏见的更深投射则是在"点灯者"的第二类形象上，他们成了蓄意的犯罪分子，迷雾中的恶魔，有谋划地、无孔不入地威胁着行人的财产和人身安全；甚至，他们本身就是罪恶之源。在《潘趣》（*Punch*）1853 年 2 月 12 日发表的漫画中，"点灯者"如同鬼影般出现在饱受惊吓的行人面前，他们的轮廓皆模糊不定，唯有"点灯者"鬼魅般邪恶的笑容清晰可见，俨然魔鬼的化身。威斯特勒（James Mcneil Whistler）1883 年完成的画作《皮卡迪里：灰与金之夜曲》中，"点灯者"点燃的朦胧火光状如鬼火，裹挟在灰蒙蒙的尘烟之中，气氛邪魅而诡异。而《伦敦新闻画报》1847 年 1 月 2 日也发表了题为"伦敦雾"的文章，文中的配图描绘了"点灯者"和小偷相互勾结、偷窃行人钱包的场景。"点灯者"皆恶，成为上层社会对伦敦雾的图像叙述之建构意指："豌豆汤雾"与雾中的"点灯者"，这样的视觉形象共构，强有力地巩固了对自然景象的阶层偏见和寓指，空间上的联结，使得二者在受叙者的经验中转喻性地发生联结，从而形成了对自然景象的修辞性叙述。

不仅如此，与语言的自然修辞在根本上不同的是，视觉的自然修辞之转喻机制，与物象本身的视觉呈现相关。现象学认为，作为主体的"我"对于自然物的视觉呈现，是受"我"对于物的意向性主导的。对于同一物，尽管"我"的视角不停移动，它始终是以一个整体的形式出现在"我"的意识当中。在"我"没有注视到的物的侧面和背面，虚空的意向性填充了"我"的整体知觉：由此，可见的那些部分被缺席的、隐蔽的象晕（halo）所包围。在现象学看来，"我"所见到的、呈现在"我"知觉中的观相，即"直观"，它是被充实的意向性"定位"并获取到的；然而，那些被遮蔽不见的部分，即与虚空的意向性关联的部分，共构了对物的知觉。由于只有视觉和触觉才有这样的"整体"呈现，听觉、味觉和嗅觉所呈现的仅仅是物的部分材料，视觉形象的再现如何利用"象晕"而召唤出整体知觉，从而填补知觉中的不在场部分，成为视觉符号学研究的重要议题。

由于视觉符号的研究往往涉及对符号意义的认知，对"象晕"的讨论伸展至经验领域：记忆中的视觉不在场图像，如何共同建构了完整的意象，从而进行意义生产，是符号学研究的关注所在。例如，赵宪章在论及"说唱立铺"的原初意向性时就曾指出，小说的插图作为照亮不可见叙述之"褶皱"的视觉直观，使得记忆经验被转化为象晕，而有了被重新召唤的可能。① 这当然是对现象学的延伸阐释，事实上已经涉及文化与心理学领域。在这里，我们可以借鉴心理学家索尔索（Robert L. Solso）的研究来进行伴随性的解读：索尔索将部分与整体、在场与不在场的关系，移置到了个人与集体经验中——当图像被放置在适当的场景中时，其形象与意义才更容易辨认。② 应当说，这样的研究是现象学为现代人文学科带来的基本方法论启示：对不在场的关注，才是视觉形象，甚至是视觉意象形成之关键。

在此基础上审视视觉媒介的自然修辞，就能看到，它并非是单一的、从视觉呈现的物象转化到意义的问题，而是有两层转化机制：首先，物象的整体再现是依靠先验结构和想象的整体性，补足对视觉符号之直观的不在场部分，以先验性的象晕包围来完成对物象的认知。在西方的传统视觉艺术中，对透视结构的探索，从现象学而言，就是探索如何建立最为整全的、符合视觉现象呈现规律的物象。在中国的传统绘画中，这个问题变得相当有趣：山水化的动态透视，其注视的焦点不断移动，"面面观、步步移"的综合式、集成式画法，对于本应不在场的各个部分之"象晕"的可视化呈现，可视为中国视觉艺术独有的自然修辞方式。对任何物进行画面性的视觉再现，其修辞手法之根本在于提

---

① 赵宪章：《小说插图与图像叙事》，《文艺理论研究》2018 年第 1 期，第 6 – 20 页。
② SOLSO R L. Cognitive psychology. Boston：Allyn & Bacon，1994：95.

喻，这一点赵毅衡早有论及。他如是说："几乎所有的图像都是提喻，因为任何图像都只能给出对象的一部分。……钱锺书评说，'省文取意，已知绘画之境'，也就是说，绘画本质上就是提喻。"①然而，山水画对山水形态的再现，不仅仅是局部代整体，也是"局部合成"，是集合了环视法和远近法透视下的各部分，融合在同一个空间中的整体。如王翚的《万壑千崖图》，就是以远近透视的不同视点下之局部合成，来构成重峦叠嶂的深远意境。这种"移动视点"或"散点透视"的方法，"把处于不同时间、空间的景物汇集到一幅画面中，使画面出现了多处视平面和视点。这种方式可使画面空间摆脱自然空间和画家的局限，使描绘对象在画家的主观意向下进入超出自然之上的艺术境界之中"②。这种以部分合成整体的做法，看似"以部分代整体"的反面，但其提喻的实质并未改变。事实上，它是以提喻（抓取不同物象的部分）加转喻（联结）的复合手法，来达到修辞效果。如果采用雅柯布森的说法，转喻（包括提喻）就是聚合轴的"邻接式"操作方式，那么，山水画独有的这种视角修辞法，可看作转喻与提喻的组合修辞机制。

无论是语言还是视觉媒介的，修辞对自然的意义赋予正说明了"零修辞"之不可能：在文化文本中，人们认为的自然物之"本义"，本身就是一种主观意义的赋予，是对"绝对零度"的偏离。正如赵毅衡所指出的，所谓的零度修辞，"就是符码和符义一致，即科学的和日常语言"③；而文化文本，尤其是文学艺术文本，其附加编码甚至是意义的主要生成机制，因此，零度修辞在其中很难实现。尽管视觉媒介具有"被直接感知"的特性，自然的形象要形成意象、唤起情感，使人能够"感于物而动"，仍然要于基本的转喻机制，才能完成对转义的实现。由于媒介和科技的发展，在文本的叙述与情节转换中，自然景物依靠影像之时空序列联结，能够成为更有力的情节推动要素：这是视觉媒介的自然修辞更为独特的转喻性所在。从这一点而言，视觉媒介的自然修辞与文学作品的自然修辞，既有着差异，也蕴含着相似；其间的种种张力，是未来值得进一步探究的问题。

---

① 赵毅衡：《符号学原理与推演》，南京：南京大学出版社，2010 年，第 190 页。
② 叶柳城：《论传统山水画的"移动视点"》，《美术观察》2005 年第 9 期，第 93 页。
③ 赵毅衡：《冷感情？无风格？零修辞？——关于巴尔特〈零度写作〉的符号学论证》，《内蒙古社会科学》2018 年第 1 期，第 143 页。

## 第三节　动物表演的修辞与模式

### 一、动物表演的研究现状

生命符号学认为：符号能力是任何生命体都具备的能力，相较于植物而言，动物的符号能力是空间性、方向性的，它们具有空间活动、发声和表达情绪的能力，因此是"指示性"的。① 由于动物本身具有对信号的反应能力，人可以利用这种符号反应，通过训练，使得动物可以完成人所预设的行为，从而达到娱乐观众、获得特定美学效果的目的——这就是动物表演（animal show）的重要原理。在表演的过程中，动物本身是生理符号活动的主体，但却不是艺术符号活动的主体，因其通过被预设、被训练而完成的行动所表达的并非自身的主体意图，而是作为艺术文本创作者的人的意图。

长期以来，动物表演并未被视为独立的艺术门类，而是被作为"杂技"或"游戏"的子类型之一，相关研究也相应地较为少见。其中，詹尼森（George Jennison）的研究《古罗马时期的表演和娱乐的动物》（*Animals for Show and Pleasure in Ancient Rome*）一书，是早期较有代表性的著作，作者从古希腊时期的动物驯养开始，系统地梳理了古埃及和古罗马早期的观赏动物管理，如对鸟类和鱼类的养育，到罗马的驯兽表演的发展过程。② 米尔斯（Daniel Mills）等人的研究指出，马作为最早被人类驯养和使用的动物，早在新石器时代就实现了家畜化，在罗马帝国和中世纪时期，更是被作为财富、武力和地位的象征而被驯养，用于毛色和体态的展示，并渐渐发展出了马术表演这种专门的展示形式。③ 马术表演在欧洲贵族中作为竞技体育，在中下层社会中被模仿，也渐渐演

---

① KULL K. Vegetative, animal, and cultural semiosis. Cognitive semiotics, 2009 (4)：21.

② JENNISON G. Animal for show and pleasure in ancient Rome. Manchester：Manchester University Press, 1937.

③ MILLS D eds. The domestic horse：the evolution, development, and management of its behavior. Cambridge：Cambridge University Press, 2005：25 – 49.

变成了马术。安塞尔（Brenda Assael）在《马戏与维多利亚社会》（*Circus and Victorian Society*）中提到了以马、狗和鸟类为主的马戏动物表演在维多利亚时期的盛行，并指出，在当时的宗教观和道德观影响下，对动物的这种驯化，被视为自然被人所驯化的景观、作为秩序的象征而得到欣赏。[①] 尽管国内学界对西方的动物表演研究较少，但区听涛、田润民等都曾著文对西方马戏史进行过简介，其中有不少笔墨提到动物表演。例如，区听涛在《欧洲马戏业的传承与发展》一文中指出，西方现代马戏的鼻祖是英国人菲利浦·阿斯特利（Philip Astley），他将马术和驯马表演与杂技相结合，开创了现代马戏大篷专场表演的形式。此后，其他的动物表演，如狮、虎、猴、狗、熊的各种杂技表演，都采取了这样的形式，西方的马戏表演艺术渐渐发展成熟。[②]

中国的动物表演则主要是以马戏的形式进行的，根据相关研究，其源头可以追溯至周朝纪渻子的训鸡表演，而它的正式形成则是在汉朝初期。由于汉朝政府对乐舞杂戏的大力提倡，以动物表演为主要形式的马戏得以正式出现。[③]"马戏"一词最早是出现在桓宽的《盐铁论》中："今民间雕琢不中之物，刻画玩好无用之器。玄黄杂青，五色绣衣，戏弄蒲人杂妇，百兽马戏斗虎，唐锑追人，奇虫胡妲。"[④] 从这段论述中可以看出，"马戏"是和其他杂耍归为一类的，参加表演的动物种类较多，故有"百兽"之称，并以动物的嬉戏相斗为主要表演内容。韩顺发在《中国古代马戏》一文中指出，古代用马参加表演的马戏主要分为三种形式：马上技巧、舞马、马球。[⑤] 和西方的马戏不同的是，马上技巧和马球表演其实都是以杂耍者为主体，动物只是配合表演的工具；只有舞马才是真正的动物表演——被训练过的马匹能够随着音乐起舞，做出踢腿、踏鼓点、转圈、后腿站立、登床等高难度的动作。其中著名的"舞马衔杯"，就是在音乐进入尾声时，由表演的马匹做出向观众跪拜、"敬酒"的动作，颇有"谢幕"之意。唐代诗人张说的《杂曲歌辞·舞马千秋万岁乐府词》，描绘的就是舞马表演的盛况："试听紫骝歌乐府，何如骥骧舞华冈。连骞势出鱼龙变，蹀躞骄生鸟兽行。岁岁相传指树日，翩翩来伴庆云翔。圣王至德与天齐，天马来

---

① ASSAEL B. Circus and victorian society. Charllottesville：University of Virginia Press，2005.

② 区听涛：《欧洲马戏业的传承与发展》，《杂技与魔术》2007 年第 6 期，第 51 - 52 页。

③ 李丹：《马戏：人类艺术的延伸》，《杂技与魔术》2008 年第 4 期，第 31 - 34 页。

④ 王贞珉注译：《盐铁论译注》，长春：吉林文史出版社，1995 年，第 156 - 157 页。

⑤ 韩顺发：《中国古代马戏》，《中华文化画报》2008 年第 7 期，第 52 - 57 页。

仪自海西。腕足齐行拜两膝，繁骄不进蹈千蹄。鬈需奋银时蹲踏，鼓怒骤身忽
上跻。更有衔杯终宴曲，垂头掉尾醉如泥。"这说明，舞马表演在唐朝时期，作
为宫廷贵族庆贺节日生辰时的演出，已经具有较为固定的动作程式，也就是马
通过训练，已经能够对相应的信号做出熟练的、程式化的反应。郭杰则根据汉
画艺术对马戏的再现，将古代马戏分为以下几种：马上表演、集体表演、舞马、
赛马表演、骑射表演、戏车表演和驭马技术。[①] 和韩顺发的分类法类似的是，
这里所说的马戏类型中，只有舞马是动物表演的形式之一，其他的则和体育竞
技、杂技属于一类。

中西方学界关于动物表演的研究专论较少，大部分都是将其作为马戏研究
的一部分，或者从动物行为学以及动物与人之间的交流的角度及动物伦理视角
来对这一问题进行讨论。其中，符号学家布依萨克（Paul Bouissac）在这方面的
研究成果最为突出。1976 年，布依萨克出版了《马戏与文化》（Circus and
Culture）一书，这是第一本用符号学方法来讨论马戏动物表演中，动物如何作
为文化意义的符号，以及动物与人之间的表意互动的专著。[②] 2010 年，布依萨
克在《马戏符号学》（Semiotics of Circus）一书中辟专章讨论了马戏中的动物表
演之意义生产的问题，他用大量的例子证明，在动物表演中，绝大部分的符号
活动，以及经过这些符号活动所建构起来的文本和语境都是固定的，但动物和
驯兽者作为共同的表演者，他们之间的符号沟通与观众的想象殊为不同。[③] 2012
年，布依萨克出版了《作为多模态话语的马戏》（Circus as Multimodal Discourse）
一书，从生物符号学的角度来解释动物如何将人类给予的信号"翻译"为自己
的自我世界中能够理解的意义，人类又是如何利用动物的这种能力来建立这种
符号反应的过程。[④] 总的来说，在用符号学方法研究动物表演的方面，布依萨
克是最具有代表性的学者，他的讨论最为全面和系统，具有重要的参考价值。

更多的相关研究是从动物心理学和行为学方面着手，来讨论动物表演中动
物与训练者的交流和互动，但这些研究有时是和动物的驯化研究交织在一起的，
并非专论。较具有代表性的研究是赫迪杰（Heini Hediger）的《动物园与马戏

---

① 郭杰：《汉画的马戏表演艺术》，《南都学坛》2008 年第 6 期，第 19 - 20 页。

② BOUISSAC P. Circus and culture：a semiotic approach. Bloomington：Indiana University Press，1976.

③ BOUISSAC P. Semiotics of circus. Berlin：Walter De Gruyter，2010：44 - 54.

④ BOUISSAC P. Circus as multimodal discourse：performance，meaning，and ritual. London：Bloomsbury，2012：115 - 143.

中的动物心理和行为》（*The Psychology and Behavior of Animals in Zoo and Circus*），他指出，在动物表演中，训练者和动物之间的距离掌控起着重要作用：过远则不能引起动物的反应，过近则会引发动物的攻击，只有当训练者处在各种动物天生生理设定的适宜位置上，他才能够成功地和动物进行合作，促使其完成预定的动作。① 格莱登（Temple Grandin）等人的研究表明，动物只能辨认有限的、固定意义的信号并对其产生反应，因此，在人与动物的交流中，要将训练者的意图以动物能够辨认的信号形式进行表达，也就是能够让动物对其进行"翻译"，才能达到预期效果。②这种观点和阐释符号学的看法非常接近，即符号的接收者必须将其翻译、解释为自己能够懂得的意义，才能对其进行回应和理解。贝科夫（Marc Beckoff）用大量的例子证明，动物，尤其是鸟类和哺乳动物，普遍具有感情，并且在高等动物中，这种感情有跨越物种的可能。③ 他指出，这种情感纽带不仅存在于群居动物之间，也存在于动物和它的驯养者之间，尤其在高等动物中，存在着同情心和复杂的情感表达。④但另一方面，由于动物负载了文化和美感意义，即使在同一发展等级的动物，如兔子和老鼠中，对于将它们用于药物试验的做法，人们的态度也大相径庭。⑤对于信奉"动物权利"的环保主义者而言，这是不可接受的。总而言之，动物的知觉和情感能力已经被普遍承认，因此，不少环境伦理论者都明确表示反对动物表演，认为它是以动物的痛苦感受为基础的，以不自然的方式扭曲了动物的表达和反应。彼得森（Michael Peterson）就认为，动物表演是以对动物的囚禁和剥削为代价，在现代性初始时建立西方中产生活方式的一种形式，它是人类中心主义的、不符合生态伦理的，在当代语境下应当被重新反思。⑥南希（Susan Nance）指出，在动物表演和训练中，尽管动物和训练者之间有可能建立感情，但动物原有的"文化"，如象群"文化"，以及它自然的生活方式和社交方式，都会受到损害

① HEDIGER H. The psychology and behavior of animals in zoo and circus. New York：Dover，1968.

② GRANDIN T & JOHNSON C. Animals in translation：using the mysteries of autism to decode animal behavior. New York：Scribner，2005.

③ BECKOFF M. The emotional lives of animals. New York：New World Library，2007.

④ BECKOFF M. The animal manifesto：six reasons for expanding our compassion footprint. Novato：New World Library，2010.

⑤ BECKOFF M. The animal manifesto：six reasons for expanding our compassion footprint. Novato：New World Library，2010.

⑥ PETERSON M. The animal apparatus：from a theory of animal acting to an ethics of animal acts. The drama review，2007（1）.

或毁灭，它的实质是商业机制对动物的扭曲和伤害。① 这样的观点受到环保主义者、生态主义者的热烈拥护，然而，不少批判和抵制都仅仅出于政治立场，对于动物表演的深度模式，却缺乏系统的分析。正因如此，本节试图对动物表演进行符号学的解读，以期为这些问题寻找可探究的方向。

## 二、动物表演的符号修辞

动物表演中最为常见和普遍的符号修辞是象征，即通过对动物的展示和装扮，来强调它以及和它相关的传统在原有文化中的象征意义。例如，在西方的马戏表演中，马和它的训练者经常演出的一幕是"马语"（horse whisper），因为西方文化传统认为，具有神秘能力的马语者能够通过一句简单的马语，来控制马的所有行为。凯尔特人就认为，马语的神秘能力能够驱使马匹在主人的命令下独自到达目的地，这一信念在英国东北部尤为盛行，马语也因此成为魔法和力量的象征，会马语之人被视为古老魔法的继承者。② 在马语表演中，驯马者在对表演的马匹低语后，马匹会按照他的指示做出一系列相应的动作，这传达给观众的意义是由于神奇的马语，马匹已经在马语者的魔力掌控之下。这种展示尽管实质上是通过食物奖励（有时是延迟的食物奖励）而实现的，但其对于观众的意义生产却是对传统象征的肯定和复用。

由于象征在绝大多数情况下是区域性的，同样的对象在不同文化中的象征意义完全不同，因此，同一种动物在不同文化的演出中，所负载的意义也有所差别。在中国以马为表演者的马戏中，马匹常常是以"御马"的形象装扮出场的，饰以金色、黄色和红色相间的缰绳、马鞍和佩带，这些装扮是马匹主人所拥有的财富和力量的象征。在驯马者和马的表演沟通中，没有"马语"这一环节，尽管舞马已经失传，大型的群马舞蹈已不可见，但"衔杯"、跪拜的环节却在不少节目中得以保留，作为皇家、贵族舞马节目的精髓而传承下来。究其原因，中国文化对皇家传统的尊崇应当是一个重要因素："舞马衔杯"的表演环节，象征着皇家文化"飞入寻常百姓家"，能够给观众带来心理满足和喜悦，因而受到欢迎。由此可见，在动物表演中使用的象征，是人对原本无文化含义的自然生物，或者是生

---

① NANCE S. Entertaining elephants: animal agency and the business of American circus. Baltimore: The Johns Hopkins University Press, 2013.

② MCKERRACHER A. The horseman's word. The scots magazine, 1987 (2).

物信号反应的意义加载，是对固有象征的意义再复用。由于动物表演的商业性和大众性，创造性的、独特的艺术象征较少，常用的文化象征占绝大多数。布依萨克认为，"马戏的多模态话语修辞是为了幻象式的但极其令人愉悦的本体论服务的，它扩展了可完成的行为的范畴，并填补了物种之间的鸿沟"①。也就是说，通过象征这一修辞手法，原本是通过训练而形成的生物符号互动，被赋予了神话式的文化含义，使原本不可得的（如对皇家"舞马表演"的欣赏）和不可能的（如"马语"的神秘力量）变成可观、可见、可获得的。尽管这种象征其实是幻象，是通过对动物的固定符号反应的训练和固化而建立起来的，但它却是"令人愉悦的"，能够满足观众的心灵期待和感情需求，因此得以流传。

象征不仅仅是文化累积性的，通过反复使用而建立的，不少象征还和文化原型有关，这就是荣格说的原型象征（archetypal symbol）。专门研究动物之原型象征的汉纳（Barbara Hannab）指出，在超越文化界限的神话原型中，马作为以下几种象征而广泛地存在：有着桀骜不驯灵魂的奔驰者、温顺的服从者、帮助者、殉难者、生命力的代表。② 因为马兼具服从和不服从的特征，这种矛盾性使得列维－斯特劳斯在进行人类学的动物分类时，难以将其划入具体的某一类别，而是将其作为一种"非社会"的动物来加以安置。布依萨克如是说，"如果按照列维－斯特劳斯早期的分析，马是'超越'了宠物和牲口的范畴的，处于延伸的家庭细胞（也就是社会边界）之外"③。在此基础之上，他进一步指出，马的这种特征（边缘性、难以归类性，兼具温顺和不羁的性格），和传统男权社会中对歌女的定位是一致的——她们是具有性吸引力的、游离在婚姻和家庭之外并且可征服的。因此，在西方马戏表演中，用羽毛来对马进行装饰的做法是相当常见的，这暗示着马和婚姻之外以卖艺为生的女性一样，是难以被征服但最终能够被驯服的象征。在日本的马戏表演中，人们用红色的打结布带来装饰马匹，且打结的方式和歌舞伎的腰带系法相同，同样是源于这一原型象征的作用。布依萨克写道，"由于马戏是流行娱乐的保守形式，在考察中依赖于传统的模式，是恰如其分的"④。羽毛和打结的布带，在不同的文化中作为"可

---

① BOUISSAC P. Circus as multimodal discourse: performance, meaning, and ritual. London: Bloomsbury, 2012: 74.

② HANNAB B. The archetypal symbolism of animals. London: Chiron Pbulications, 2006.

③ BOUISSAC P. Semoitics of circus. Berlin: Walter De Gruyter, 2010: 63.

④ BOUISSAC P. Semoitics of circus. Berlin: Walter De Gruyter, 2010: 62.

获得的"、具有野性魅力的女性的象征，用作演出的马匹的装饰，其最为深层的驱动力来自于马本身作为原型象征的意义：在这个过程中，前者可被视为原型象征这一符号的解释项，符号意义和符号本身的不断生产、延伸一目了然。赵毅衡说，"要形成一个携带着特殊意义的象征，有三种方式：文化原型、集体复用、个人创建"①。上文所举的例子，就是基于文化原型产生的象征和由于文化反复使用而被接受的象征的结合。

在蛇舞表演中，也存在着相似的符号生产过程。蛇作为原型象征，意味着黑暗、邪恶、诱惑，也代表着智慧②，这和传统男权社会对女性和男性的刻板形象塑造正好分别对应。有趣的是，在以圣经文化为基础的西方社会中，蛇舞表演中的人类主角，绝大部分是女性，其装扮也是以紧身、裸露的服装为主，尽量突出女性的性别特征。例如，维多利亚晚期最为著名的英国蛇舞表演者艾米·阿灵顿（Amy Arlington），就是一名以美貌和性魅力而著称的女性；蛇舞表演的方式也常常是以蛇和表演者的相互缠绕起舞为主，这种形式寓意着蛇与女性在象征意义上的合一。

图 4-4 《艾米·阿灵顿舞蛇图》

[弗兰克·温特（Frank Wendt）摄，http://digilib. syr. edu/cdm4/item_ viewer. php? CISOROOT =/eisenmann&CISOPTR =2441&CISOBOX =1&REC =20]

---

① 胡易容、赵毅衡编：《符号学—传媒学词典》，南京：南京大学出版社，2012 年，第221 页。

② HANNAB B. The archetypal symbolism of animals. London：Chiron Pbulications，2006.

图4-4中的艾米·阿灵顿身着维多利亚时期的女性鲜少敢于尝试的、几乎等同于内衣的紧身衣裤，其性别特征非常突出。同一时期，在商业摄影师奥博米勒父子（Obermuller & Son）为雷克多邮票公司拍摄的《无名舞蛇女》中，舞蛇女的衣着也和艾米·阿灵顿的穿着极其相似。由此可见，将作为诱惑、堕落的蛇和外形装扮具有这种特征的女性并置，让她们共同表演，是动物表演中将动物和女性的象征意义进一步固化的一种方式。

**图4-5 《无名舞蛇女》（*Untitled Lady with Snakes*）**

（奥博米勒父子摄于1890年，http://digilib. syr. edu/cdm4/item_ viewer. php？CISOROOT =/eisenmann&CISOPTR = 2864&CISOBOX = 1&REC = 5）

与此形成鲜明反差的是，在将蛇作为智慧象征的印度，舞蛇者往往是男性；蛇舞表演的方式是以舞蛇者吹奏音乐、控制蛇的舞蹈节奏和动作，以此比喻舞蛇者作为智慧和神秘力量拥有者的身份。这样的象征手法是建立在文化原型上的复用，它反过来又进一步固化了动物和不同性别的象征意义，是一个含义不断累积的过程。象征手法在动物表演中的运用极其广泛，几乎涉及所有参加表演的动物，如狮、虎、熊、狗、猫、猴和鸟类等，是文化利用流行艺术进行既定意义传播的佳例，非常值得探究。

## 三、动物表演的符号模式

### （一）动物表演的格雷马斯方阵模式

在对对立否定关系的符号学描述中，格雷马斯方阵无疑是最为著名的模式。这一方阵的提出，是在格雷马斯1966年出版的《结构语义学》一书中，而其首次运用，是格雷马斯和他的同事拉斯特用其讨论法国文化传统中的婚恋观。该方阵由四项元素构成：A、B、负 A、负 B。其中，A 和 B、负 A 和负 B 是相反关系，A 和负 B、B 和负 A 是蕴涵关系，A 和负 A、B 和负 B 则是相对关系。

格雷马斯和拉斯特将 A、B、负 A、负 B 四项分别与婚恋状况的四类情况相对应，这四项之间，是否定式的递进关系，最终形成一个意义动力模式。① 而对这一模式最为完善和成功的运用，是格雷马斯和库尔斯泰 1982 年将其用于"述真"问题的思辨，他们用四项两两对立的元素，即"是""似""非是""非似"建立了一个符号方阵，"似"是对"是"的否定式推进，"非是"和"非似"则是对前两步的递进式否定。尽管它们是步步否定推进的，却并非绝对的、全面的否定；相反，每个否定式推进都只是对上一步的部分否定，在"真"与"假"之间存在着微妙的张力关系。② 格雷马斯由是成了讨论叙述的真假、幻象问题的常用模式，被称为"述真方阵"（The Veridictory Square）。不少符号学家，如赫伯特（Louis Hébert）、迈斯特（Jan Christoph Meister）等，都用它来讨论真实与虚幻的关系问题。③ 由于动物表演是以动物为载体而建构的叙述文本，它旨在建立幻觉，因此，用格雷马斯方阵对其进行分析，是恰如其分的。

赫伯特将格雷马斯方阵改编为图 4-6 的模式：

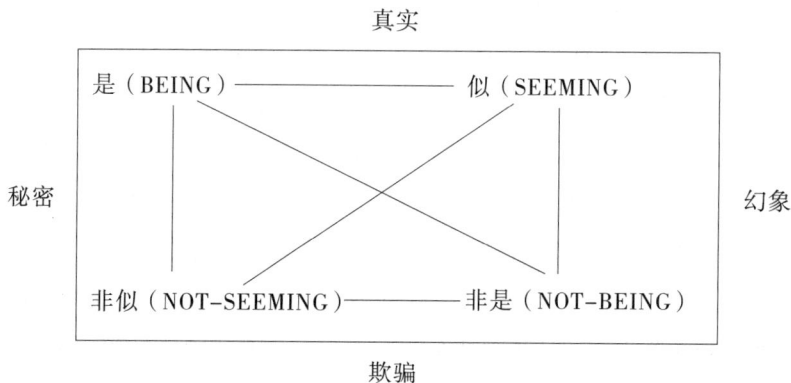

图 4-6　赫伯特改编的格雷马斯方阵图

---

① GREIMAS A J & RASTIER F. The interaction of semiotic constraints. Yale French studies，1968（41）.

② GREIMAS A J & COURTES J. Semiotics and language：an analytical dictionary. Bloomington：University of Indiana Press，1982.

③ HÉBERT L. The veridictory square//MEISTER J C ed. Computing action：a narratological approach. Berlin：Walter De Gruyter，2003.

在这个基础上，布依萨克指出，按照格雷马斯方阵，马戏表演的要素可以分为四项：①做可能的事情（doing the possible），②不做可能的事情（not doing the possible），③做不可能的事情（doing the impossible），④不做不可能的事情（not doing the impossible）。因此，马戏表演中的演员通常会有以下举动：①完成训练过的技巧动作，②故意装作不能完成普通的动作，如小丑假装坐不稳椅子或跌倒，③用道具、灯光等帮助演员完成不可能的动作，如魔术表演、火上行走等，④表演中的失败和事故。[①]然而，失败和事故并不是所有马戏表演中的必然环节，这样的分析并不是将马戏表演作为一个环环推进的叙述来进行的，而格雷马斯方阵是虚幻叙述的典型模式，因此，布依萨克的讨论虽然有借鉴意义，但仍有可推进之处。

动物表演作为一个完整的叙述，旨在建立"驯兽师具有掌控动物的魔法"，或者说"动物具有灵性，可以和人顺畅沟通"这样的假象，而建立这一假象的方式，往往是让动物完成原本不可能的动作，从而形成魔法式的幻觉效果。因此，在格雷马斯方阵视阈中的动物表演，其起点应当是"做可能的事"，这就是一般动物表演开场的热身阶段所展示出来的要素，如马匹、大象等进场时都会溜圈，海豚、海狮入场时会表演跳跃、游泳等基本动作，等等。此为格雷马斯方阵中的 A 项。其次，第二个要素 B 项，是对 A 项"做可能的事"的反面，即"做不可能的事"：通过这样的方式，进行表演的动物和其他动物（如野生动物、普通家畜等）被区分开来。这个要素的实现有三种形式：一是建立动物能够听懂驯兽者语言的假象，让动物在驯兽者的指挥下表演鞠躬、跳舞、和表演者亲吻等动作；二是让动物表演明显超越自己理解范畴或违反本能的行为，如数数、加减乘除等简单算术、让大象表演"绘画"或是让原本怕火的动物进行跳火圈表演等；三是让动物模仿其他动物的行为，比如，让海狮模仿海豹的步态、猴子模仿猎犬等。通过这些表演，建构出表演的动物具有"灵性"，或是驯兽师具有魔法的幻象。再次，第三个要素负 A 项，即"不做可能的事"，是让动物故意做出无法完成驯兽师要求的动作，增添情节上的波折，这在许多动物表演中都有安排，如动物演奏打鼓时故意打错节拍，或是故意和驯兽者"闹情绪"罢工等。由于 B 项和负 A 项是蕴涵关系，也就是说，负 A 项是包含

① BOUISSAC P. Circus as multimodal discourse: performance, meaning, and ritual. London: Bloomsbury, 2012.

在 B 项之中的，这种故意无法完成演出的情节，其实是动物完成的"不可能的事"的一部分；明眼的观众都能看出，这种"失误"或"罢工"，是原本不可能听懂人类语言的动物，接收驯兽者指示而进行反应的另一种方式。最后，要素负 B 项，"不做不可能的事"，其实是动物表演作为艺术形式的一种"自我戳破"，尽管这种"自我戳破"很可能是不得已而为之的：在演出的过程中和演出结束时，驯兽师都必须用食物作为奖励，来完成每一个环节的衔接。这一形式传递给观众的信息是，这些"不可能"的表演其实并非真的由魔法构成，而是通过长期训练形成的叙述，不是真正的"不可能"。由是，动物演出建立了一个完整的、层层否定式推进的幻象式叙述。

这种叙述方式是赵毅衡所说的"表演—幻觉型"文本特有的，即文本的发出者是非诚信意图（旨在建立幻象），文本本身不可信（演出中部分遮蔽信息），但观众愿意接受（即使他们明白这种表演仅仅是靠训练而成，并非魔力所致，仍然不妨碍他们的欣赏热情）。[1] 这些特性是艺术类叙述的典型特征："艺术符号的发送者明白说是在作假表演，艺术的文本也明显地打着虚构的记号（例如屏幕的方块，电影的片头，舞台的三面墙，以唱代言，灯光布景，明星面孔）。"[2] 动物表演中驯兽者的食物奖励方式，就是戳破这种幻象的最明显标志。然而，就如其他艺术的虚构性并不妨碍观众欣赏那样，驯兽者的"作伪"，在绝大多数情况下并不会让观众拒绝接收他以动物为载体而建构出来的符号文本，相反，他们在"假戏假看"中镶嵌了"愿意接收"的"真事真看"原则，这是"艺术的特殊文化规则"[3]：表演者和观众之间存在着由体裁而产生的文化期待和默契，彼此都能认识到此表演"虚而非伪"，从而更好地对这一文本进行表达和欣赏。

### （二）动物表演的双重符号活动模式

既然动物表演是"表演—幻觉型"的"作伪"，动物其实并不懂得自己的装扮和由长期训练而形成的反应对于观众而言的意义如何，那么，这种假象具体而言是如何建立的呢？动物表演作为一个整体的文本，传达给观众的信息是丰富多样的，包括对动物原有文化象征意义的固化、对驯兽师神奇魔力的建构、

---

[1]　赵毅衡：《符号学》，南京：南京大学出版社，2012 年，第 268 页。
[2]　赵毅衡：《符号学》，南京：南京大学出版社，2012 年，第 269 页。
[3]　赵毅衡：《符号学》，南京：南京大学出版社，2012 年，第 272 页。

对动物之"灵性"的想象、对这两者之间亲密情感的展现、对刺激感觉的引发等。然而，动物本身无法理解这些符号信息的意义，因此不能主动地去构建这样的符号，对这些符号信息的形成，它们只是被使用的符号载体，本身并不会有意识地去改变符号的意义。在表演文本进行符号传达时，观众接收到的、驯兽师的语言和肢体符号，包括他们身体的延伸部分，如使用的道具等，对于观众而言，是能够按照语言和文化规则来理解的符号；而对于动物而言，这只是简单的信号，是指示自己具体反应的指示符，它意味着作为奖励的食物，或者代表动物原有的社群关系中的陪伴、命令、游戏等符号，动物因此对其做出相应的反应。例如，西比奥克夫妇曾指出，在著名的"聪明的汉斯"（Clever Hans）现象中，能够"听懂"主人的指令进行加减法运算的动物，其实是根据主人的其他非语言符号（如面部的肌肉运动、手势、身体姿势等）做出的反应，而这种反应是由长期训练形成的。[1] 由此，卡尔梅利（Yoram Carmeli）指出，动物表演中的"跨物种"（trans-species）语言交流其实是幻象，因为动物本身根本无法理解表演中驯兽者语言的真正含义；整个动物表演就是建立在这种人类中心主义式的修辞之上的："就如公众所预期的，动物表演文化性地构想出了各种布局、人类的姿势、对人类行为的变形式的模仿。"[2] 在动物保护主义者看来，这种建构方式是违反动物的自然本质的，它异化了动物的生理本能，使得动物成为人类东方式想象中的他者。

从符号学的角度而言，动物表演如何将野生动物的生理符号活动进行改变和转化，使之能够达到驯兽者和观众的预期，是一个重要的问题。要说清这一问题，必须从动物的"自我世界"入手来进行讨论。布洛克（Friedrich Brock）认为，动物的自我世界是由四个范畴构成的：敌人（需躲避或进攻的）、伙伴（需寻求的）、食物（需寻求的）和中立对象（可以安全地忽略的对象）。[3]

在此基础上，托内森（Morten Tonesson）提出了"自我世界转变"（umwelt transition）的概念。所谓"自我世界转变"，是指从个体、群体或文化的视角出发，观察到的生物之功能圈持续的、系统的变化。他以挪威人将狼驯化为牧羊

---

① UMIKER-SEBEOK J & SEBEOK T A. Sebeok Clever Hans and smart simians: the self-fufilling prophecy and kindered methodological pitfalls, Anthropos, 1981 (1/2).

② CARMELI Y. Compassion for animals, indifference to humans: non-and misperceptions among circus audiences in 1970s Britian//HOBART A & KAPFERER B. Aesthetics in performance: formations of symbolic construction and experience. New York: Berghahn Books, 2006.

③ TONESSON M. Umwelt trajectories. Semiotica, 2014 (198).

犬的过程为例，描述了在狼（后来的牧羊犬）和人的自我世界中，对方是如何从"敌人"范畴中的对象转变为"伙伴"范畴中的对象，从而使得和对方的符号关系发生变化的。① 三年之后，托内森进一步细化了他的理论，提出了一个新的概念："自我世界轨道"（umwelt trajetory）。他写道，"自我世界轨道可以被视为，某一生物的自我世界与其他生物或自我世界之间的变化关系所决定的、微观或宏观（或文化上）的时间过程"②。这一概念为生命体与其环境的符号关系研究的空间性上，增加了一重时间维度。根据巴比耶利的分类，从进化史的角度而言，从原核细胞到真核细胞、多细胞生物、动物、脊椎动物、羊膜动物、哺乳动物、灵长类动物和人属动物，生命体的自我世界轨道在整体上有着清楚的进化过程，由此，它们与环境之间的符号意义关系也在不断地演进发展。③

不仅整个生物进化史是由自我世界的轨道转变构成的，生物个体的自我世界轨道也会发生变化，这就是"自我世界的调试"（umwelt alignment）。它指的是自我世界之生命主体和其他生命体互相调试的过程。托内森认为，"自我世界的调试"就是"一种生物适应于另一个自我世界中之生物（以及进一步的，自我世界中无生命的对象和意义因素）的存在与展示的过程"④，这正是"引发自我世界轨迹连续过程的主要调节机制—— 一个决定性的因素"⑤。他指出，动物的自我世界是分三个层面的：核心自我世界（core umwelt）、调节的自我世界（mediated umwelt）和概念自我世界（conceptual umwelt）。其中，概念自我世界是动物对世界的范畴分类，也就是布洛克分出的四大类，这是很难改变的。而调节的自我世界是动物通过记忆、经验对具体的对象进入哪个范畴的调整，核心自我世界则是动物在这种调整过的范畴分类后和具体对象的真实接触。尽管概念自我世界几乎不能改变，但具体到个体的对象进入哪一个范畴，是可以在后两个层面上变化发展的。他沿用了三年前所举的例子，进一步说明了"狼—人—羊"的意义关系在挪威人的牧羊业发展史上是如何调节，以及在以狼、人

① TONESSON M. Umwelt transition and Uexküllian phenomenology：an ecosemiotic analysis of norwegian wolf management. Tartu：Tartu University Press，2011.

② TONESSON M. Umwelt trajectories. Semiotica，2014（198）：161.

③ BARBIERI M. The organic codes：an introduction to semantic biology. Cambridge：Cambridge University，2003.

④ TONESSON M. Umwelt trajectories. Semiotica，2014（198）：163.

⑤ TONESSON M. Umwelt trajectories. Semiotica，2014（198）：164.

和羊为主体的自我世界中，另外两者作为意义对象的变化过程。① 这种自我世界的调试，是生物之间用符号"试推"方法彼此试探、调整并最终达到新的意义关系的过程。

用托内森的理论来检视动物表演的"魔法"，能够较为清楚地呈现其间的符号活动过程。在动物表演中，动物之所以能够接受驯兽者的指令，是因为它们将驯兽者归入了"伙伴"关系中，而在不少动物的伙伴关系中，存在着严格的等级制度和协作制度。驯兽者必须利用动物对自我世界的这种分类，使自己在这种符号关系中占据有利的位置。由于不少进行表演的野兽都是从幼崽时期就被驯兽者抚养，驯兽者能够顺利地扮演在其早期记忆中的养育者角色，并且，如果他们掌握了合适的技巧，能够在游戏和相处中让动物将自己一直视为群体的"领袖"，担当狮王、猴王的角色，从而牢固地建立起和动物的情感关系和权威关系，那么，动物就有可能服从他们的指令进行活动，由此得到安全保障或情感上的回报。在不少狮虎表演中，驯兽者都会对顺利完成规定动作的动物进行抚摸，这些动作是动物群体之间维系母子之间、不同等级或同一等级的同伴之间认同感的符号。当然，在更多的情况下，动物和其伙伴的关系是处于张力中的，并且是以对食物的共同寻求为目的的，因此，动物表演中的食物奖励是必不可少的，在此时，驯兽者对动物发出的、经过长期训练建立起来的符号，如肌肉的动作、手势、语调、表情等，都是鲜明的指示符，指示动物完成预订的动作，从而获得食物。

此外，如赫迪杰指出的，在动物表演中，和动物之间保持适当的距离是至关重要的②：这是因为，在同一个舞台上轮流表演的动物，在观察驯兽者的动作时，是以距离远近来判断，是否将其作为目前的"中立物"，即"可以安全忽略的对象"来对待。驯兽者和动物之间远近距离的保持，决定着他们如何实现在"中立物""共同觅食的、有情感认同的伙伴"和"主人式的群体领袖"之间的角色转换，也在很大程度上决定着动物表演的成功与否。对于不懂得动物符号交流过程的观众而言，这些微妙的变化是难以察觉的，因此，他们往往被引向驯兽者的口语语言符号所表达的意义，而忽略了动物与驯兽者之间的实际符号交流，动物表演的假象因此得以建立。

---

① TONESSON M. Umwelt trajectories. Semiotica, 2014 (198)：168 – 178.

② HEDIGER H. The psychology and behavior of animals in zoo and circus. New York：Dover, 1968.

　　动物表演的双重符号模式是在理解和利用动物符号交流的基础上建立的，这种人为的角色替代和符号建构，利用了动物自我世界的轨迹转变，而这种利用对于动物本身的福祉之影响，引起了相当大的争议。显而易见的是，在不少动物表演中，驯兽者利用自身建立的威权或食物奖励，迫使或诱使动物完成自身原本惧怕的行为，如跳火圈、走钢丝，或让大象和海豚进行"绘画"等。不少研究都已经证明，由于动物自身的生理特质所限，在这些过程中，它们本身的痛苦感受是难以避免的，这也是动物表演在今天日益受到抵制的缘由。建立在生命符号学基础上的伦理符号学认为，所有生命都是符号性的，但只有人类是"符号学动物"（semiotic animal）：在全球化的今天，所有生命的共同命运都越来越紧密地缠绕交织在一起，人类必须对其他所有生命的符号活动负起终极的伦理责任。在动物表演这一生物和文化符号活动相互交织而形成的叙述中，人类如何对其他生命的符号活动负起应有的责任，如何反思自身建构的符号之于其他生命体原有"自我世界"的影响，恐怕是生命符号学家应当继续探索的一个问题。

# 参考文献

一、专著和论文集

［1］AIKEN N E. The biological origins of art. Westport：Praeger，1998.

［2］ANDERSON M. On semiotic modeling. Berlin：Mouton de Gruyter，1991.

［3］ANKER S & NELKIN D. The molecular gaze：art in the genetic age. New York：Cold Spring Harbor Laboratory Press，2004.

［4］ASSAEL B. Circus and victorian society. Charllottesville：University of Virginia Press，2005.

［5］BARBIERI M. The organic codes：the birth of semantic biology. Ancona：Pequod，2001.

［6］BARBIERI M. Biosemiotics：information，codes，and signs in living systems. New York：Nova Science Publishers，2007.

［7］BARBIERI M. Introduction to biosemiotics：the new biological synthesis. Dordrecht：Springer，2007.

［8］BEATRIZ D C & PHILIP K. Tactical biopolitics：art，activism，and technoscience. Cambridge：The MIT Press，2008.

［9］BEKOFF M. The emotional lives of animals. New York：New World Library，2007.

［10］BEKOFF M. The animal manifesto：six reasons for expanding our compassion footprint. Novato：New World Library，2010.

［11］BLOCKER G. Contemporary philosophy of art：readings in analytical aesthetics. New York：Charles Scribener's Sons，1979.

［12］ BOUISSAC P. Circus and culture: a semiotic approach. Bloomington: Indiana University Press, 1976.

［13］ BOUISSAC P. Encyclopedia of semiotics. New York: Oxford University Press, 1998.

［14］ BOUISSAC P. Semiotics of circus. Berlin: Walter de Gruyter, 2010.

［15］ BOUISSAC P. Circus as multimodal discourse: performance, meaning, and ritual. London: Bloomsbury, 2012.

［16］ CARROLL N. Philosophy of art: a contemporary introduction. New York: Routledge, 1999.

［17］ CHANG H L. Sign and discourse: dimension of comparative poetics. Shanghai: Fudan University, 2013.

［18］ COBLEY P. The routledge companion to semiotics and linguistics. London: Routledge, 2010.

［19］ COBLEY P, DEELY J, KULL K, et al. Semiotics continues to astonish. Berlin: Mouton de Gruyter, 2011.

［20］ COBLEY P & JANSZ L. Introducing semiotics. Cambridge: Icon Books and Totem Books, 1997.

［21］ CUST M H & JACKS L P. Other dimensions: a selection from the later correspondence of Victoria Lady Welby. London: Jonathan Cape, 1931.

［22］ DEELY J. Basics of semiotics. Bloomington: Indiana University Press, 1990.

［23］ DEELY J. Four ages of understanding. Toronto: Toronto University Press, 2001.

［24］ DISSANAYAKE E. Art and intimacy: how the art began. Seattle: University of Washington Press, 2000.

［25］ DUNCAN J S. The city as text: the politics of landscape interpretation in the kandyan kingdom. Cambridge: Cambridge University Press, 1990.

［26］ DUTTON D. The art instinct: beauty, pleasure, and human evolution. Oxford: Oxford University Press, 2009.

［27］ ECO U. A theory of semiotics. Bloomington: Indiana University Press, 1976.

［28］EMMECHE C & KULL K. Towards a semiotic biology： life is an action of signs. London： Imperial College Press， 2011.

［29］ERLICH V. Russian formalism. The Hague： Mouton， 1964.

［30］ETCOFF N. Survival of the prettiest： the science of beauty. New York： Anchor Books， 1999.

［31］FAVAREAU D. Essential readings in biosemiotics： anthology and commentary. Dordrecht： Springer， 2010.

［32］GELL A. Art and agency： an anthropological theory. Oxford： Clarendon Press， 1998.

［33］GERSDORT C & MAYER S. Nature in literary and cultural studies： transatlantic conversations on ecocriticism. New York： Rodopi， 2006.

［34］GESSERT G. Green light： toward an art of evolution. Cambridge： The MIT Press， 2000.

［35］GIGLIOTII C. Leonardo's choice： genetic technologies and animals. Dordrecht： Springer， 2009.

［36］GREIMAS A J & JOSEPH C. Semiotics and language： an analytical dictionary. Bloomington： Indiana University Press， 1982.

［37］GRANDIN T & JOHNSON C. Animals in translation： using the mysteries of autism to decode animal behavior. New York： Scribner， 2005.

［38］HAMILTON A. Aesthetics and music. London： Bloomsbury Aesthecis， 2007.

［39］HANNAB B. The archetypal symbolism of animals. London： Chiron Publications， 2006.

［40］HARDWICK C S. Semiotic and significs： the correspondence between Charles S. Peirce and Lady Victoria Welby. Bloomington： Indiana University Press， 1977.

［41］HEDIGER H. The psychology and behavior of animals in zoo and circus. New York： Dover， 1968.

［42］HOFFMEYER J. Signs of meaning in the universe. Bloomington： Indiana University Press， 1966.

［43］ HOOPES J. Peirce on signs. Chapel Hill: The University of North Carolina Press, 1991.

［44］ HOPPAL M. Ethnosemiotics: approaches to the study of culture. Budapest: Hungarian Association for Semiotic Studies, 2014.

［45］ JABLONKA E & LAMB M J. Evolution in four dimensions. Cambridge: The MIT Press, 2014.

［46］ JAKOBSON R. Essais de linguistique générale. Paris: Éditions de Minuit, 1963.

［47］ JAPPY T. Introduction to peircean visual semiotics. London: Bleoomsbury, 2013.

［48］ JENNISON G. Animals for show and pleasure in ancient Rome. Manchester: Manchester University Press, 1937.

［49］ JULIAN T A. A semiotic of ethnicity: in (Re) cognition of the Italian/ American writer. Albany: State of New York University Press, 1998.

［50］ KAC E. Telepresence and bio art: networking humans, rabbits and robots. London: University of Michigan Press, 2005.

［51］ KAC E. Signs of life: bio art and beyond. Cambridge: The MIT Press, 2007.

［52］ KAIEVI K. Jacob von Uexkull: a paradigm for biology and semiotics. Berlin: Degruyter, 2001.

［53］ KALEVI K & WINFRIED N. Semiotics of nature: special issue of sign systems studies, 2001.

［54］ KAMPIS G. Self-modifying systems in biology and cognitive science: a new framework for dynamics, information, and complexity. Oxford: Pergamon Press, 1991.

［55］ KORESHOFF D. Bonsai: its art, science, history and philosophy. Brisbane: Boolarong Publications, 1984.

［56］ LANGER S K. Feeling and form: a theory of art. New York: Charles Scribner's Sons, 1953.

［57］ LANGER S K. Problems of art. New York: Charles Scribner's Sons, 1957.

［58］ LAUFER B. The giraffe in history and art. Chicago：Field Museum of Natural History，1928.

［59］ LOTMAN J M. Structure of the artistic text. Ann Arbor：Michigan Slavic Contributions，1977.

［60］ LOTMAN J M. Universe of the mind：a semiotic theory of culture. Bloomington：Indiana University Press，2001.

［61］ LOTMAN J M & BORIS A U. The semiotics of culture. Ann Arbor：Michigan Slavic Contributions，1984.

［62］ LOVELOCK J E. A new look at life on earth. Oxford：Oxford University Press，1979.

［63］ LUCID D P. Soviet semiotics：an anthology. Baltimore：John Hopkins University Press，1977.

［64］ LUHMANN N. A sociological theory of law. Martin Albrow ed. London：Routledge，1985.

［65］ MACNEIL P. Ethics and the arts. Dordrecht：Springer，2014.

［66］ MARAN T，LINDSTROM K，MAGNUS R，et al. Semiotics in the wild. Tartu：University of Tartu Press，2012.

［67］ MATURANA H R & FRANCISCO J V. Autopoiesis and cognition：the realization of the living. Dordrecht：D. Reidel，1980.

［68］ MERRELL F. Sign，textuality，world. Bloomington：Indiana University Press，1992.

［69］ MERRELL F. Signs grow：semiosis and life processes. Toronto：University of Toronto Press，1996.

［70］ MERRELL F. Peirce，signs，and meaning. Toronto：University of Toronto Press，1997.

［71］ MILLER G. The mating mind：how sexual choice shaped the evolution of human nature. New York：Doubleday，2000.

［72］ MITCHELL R. Bioart and the vitality of media. Seattle：University of Washington Press，2010.

［73］ MITCHELL T W J. What do pictures want? The lives and loves of images. Chicago：University of Chicago Press，2005.

［74］ PANOFSKY E. Perspective as symbolic form. New York: Zone Books, 1991.

［75］ PEIRCE C S, HARTSHORNE C, WEISS P, et al. Collected papers of Charles Sanders Peirce. 8 Vols. Cambridge ( Mass. ): The Belknap Press, Harvard University Press, 1931 – 1966.

［76］ PETRILLI S & PONZIO A. Sign crossroads in global perspective: semioethics and responsibility. New Brunswick: Transaction Publisher, 2010.

［77］ RANDVIIR A. Mapping the world: towards a sociosemiotic approach to culture. Tartu: Lambert Academic Publishing, 2004.

［78］ ROEPSTORFF A, BUBANDT N & KULL K. Imaging nature: practices of cosmology and identity. Denmark: Aarhus University Press, 2003.

［79］ SALUPERE S & PEET L. Universals in the context of Juri Lotman's Semiotics. Tartu: Tartu University Press, 2008.

［80］ SAUSSURE F. Course in general linguistics. HARRIS R trans. London: Duckworth, 1983.

［81］ SEAN E-H & MICHAEL Z Z. Integral ecology: uniting multiple perspectives on the nature world. Boston: Shambhala Publications, 2009.

［82］ SEBEOK T A. Animal communication: techniques of studies and results of research. Bloomington: Indiana University Press, 1968.

［83］ SEBEOK T A. Perspectives in zoosemiotics. The Hague: Mouton, 1972.

［84］ SEBEOK T A. Sight, sound and sense. Bloomington: Indiana University Press, 1978.

［85］ SEBEOK T A. A sign is just a sign. Bloomington: Indiana University Press, 1991.

［86］ SEBEOK T A. Signs: an introduction to semiotics. Toronto: Toronto University Press, 1994.

［87］ SEBEOK T A. Global semiotics. Bloomington: Indiana University Press, 2001.

［88］ SEBEOK T A & DANESI M. The forms of meanings: modeling systems theory and semiotic analysis. Berlin: Mouton de Gruyer, 2000.

［89］SEBEOK T A & JEAN U-S. The semiotic Sphere. New York：Plenum Press，1986.

［90］SEBEOK T A. Biosemiotics. Berlin：Mouton de Gruyter，1992.

［91］SINGER P. One world：the ethics of globalisation. Melbourne：The Text Publishing Company，2002.

［92］STOLNITZ J. Aesthetics and philosophy of art criticism. Boston：Houghton Mifflin Co.，1960.

［93］TERRENCE D. Incomplete nature：how mind emerged from matter. New York：W. W. Norton & Co.，1991.

［94］VINCENT C & OLSHEWSKY T. Peirce's doctrine of signs：theory, applications, and connections. Berlin：Mouton de Gruyter，1996.

［95］VOIGT V. Processing of ethnic symbols in folklore. Budapest：Folklore Tanszék，Eötvös Loránd Tudományegyetem，1981.

［96］WELBY V. Echoes of larger life：a selection from the early correspondence of Victoria Lady Welby. London：Jonathan Cape，1929.

［97］ZYLINSKA J. Bioethics in the age of new media. Cambridge：The MIT Press，2009.

［98］埃伦·迪萨纳亚克著，户晓辉译：《审美的人：艺术来自何处及其原因何在》，北京：商务印书馆，2004 年。

［99］埃罗·塔拉斯蒂著，陆正兰译：《音乐符号》，南京：译林出版社，2015 年。

［100］巴恩博著，樊智毅译：《摄影的艺术》，北京：人民邮电出版社，2012 年。

［101］保罗·科布利主编，周劲松、赵毅衡译：《劳特利奇符号学指南》，南京：南京大学出版社，2013 年。

［102］北京大学哲学系美学研究室编著：《西方美学家论美和美感》，北京：商务印书馆，1980 年。

［103］陈淏子：《花镜》，北京：农业出版社，1962 年。

［104］陈思：《海棠谱》，清咸丰丁氏延庆堂刻本。

［105］达尔文著，叶笃庄、杨习之译：《人类的由来及性选择》，北京：科学出版社，1984 年。

［106］达尔文著，周建人、叶笃庄、方宗熙译：《物种起源》，北京：商务印书馆，2012 年。

［107］道金斯著，卢允中等译：《自私的基因》，北京：中信出版社，2012 年。

［108］E-flux journal 编，陈佩华、苏伟等译：《什么是当代艺术?》，北京：金城出版社，2012 年。

［109］方诗铭、王修龄编：《古本竹书纪年辑证》，上海：上海古籍出版社，1981 年。

［110］高诱：《吕氏春秋》（标点本），上海：上海古籍出版社，2014 年。

［111］郭熙：《林泉高致》（标点本），青岛：山东画报出版社，2010 年。

［112］胡易容：《图像符号学：传媒景观世界的图式把握》，成都：四川大学出版社，2014 年。

［113］胡易容、赵毅衡编：《符号学—传媒学词典》，南京：南京大学出版社，2012 年。

［114］王贞珉注译：《盐铁论译注》，长春：吉林文史出版社，1995 年。

［115］计成：《园治》（标点本），北京：北京燕山出版社，2009 年。

［116］卡莱维·库尔、瑞因·马格纳斯主编，彭佳、汤黎等译：《生命符号学：塔尔图的进路》，成都：四川大学出版社，2014 年。

［117］里奥奈罗·文杜里著，迟轲译：《西方艺术批评史》，南京：江苏教育出版社，2005 年。

［118］李树华：《中国盆景文化史》，北京：中国林业出版社，2005 年。

［119］鲁晨光：《美感奥妙与需求进化》，合肥：中国科技大学出版社，2003 年。

［120］马特·里德利著，范昱峰译：《红色皇后：性与人性的演化》，成都：四川人民出版社，2002 年。

［121］皮尔斯著，赵星植译：《皮尔斯：论符号》，成都：四川大学出版社，2014 年。

［122］皮亚杰著，尚新建等译：《生物学与认知》，上海：生活·读书·新知三联书店，1989 年。

［123］钱泳：《履园丛话》（标点本），台北：文海出版社，1981 年。

［124］苏珊·彼得里利、奥古斯托·蓬齐奥著，王永祥、彭佳、余红兵译：《打开边界的符号学：穿越符号开放网络的解释路径》，南京：译林出版社，2014 年。

［125］苏珊·朗格著，腾守尧、朱疆源译：《艺术问题》，北京：中国社会科学出版社，1983 年。

［126］苏珊·朗格著，高艳萍译：《感受与形式——自〈哲学新解〉发展出来的一种艺术理论》，南京：江苏人民出版社，2015 年。

［127］唐小林、祝东编：《符号学诸领域》，成都：四川大学出版社，2012 年。

［128］屠隆：《考槃余事》，乾隆乙巳年马氏大酉山房刻本。

［129］汪济生：《系统进化论美学观》，北京：北京大学出版社，1987 年。

［130］沃特伯格编著，李奉栖、张云、胥全文等译：《什么是艺术》，重庆：重庆大学出版社，2011 年。

［131］伍蠡甫等编：《西方文论选》，上海：上海译文出版社，1979 年。

［132］肖世敏：《动物有美感论—— 一个大胆的假说》，北京：中国社会科学出版社，2003 年。

［133］张汉良：《文学的边界——语言符号的考察》，上海：复旦大学出版社，2013 年。

［134］赵毅衡：《符号学》，台北：秀威书店，2012 年。

［135］周师厚：《（鄞江周氏）洛阳牡丹记》（台一版）（标点本），台北：新文丰出版社，1989 年。

［136］周启光：《揭开美神的面纱》，北京：北京语言学院出版社，1992 年。

［137］邹一桂：《小山画谱》，青岛：山东画报出版社，2009 年。

## 二、论文

［1］COBLEY P. Semioethics, voluntarism and anti-humanism. New formations: a journal of culture/theory/politics, 2007（62）.

［2］COBLEY P. Enhancing survival by not enhancing survival: Sebeok's semiotics and the ultimate paradox of modelling. The American journal of semiotics, 2014, 30（3/4）.

［3］ DEELY J. From semiosis to semioethics: the full vista of the action of signs. Sign systems studies, 2008 (2).

［4］ DEELY J. Why the semiotc animal needs to develop a semioethics. Semiotica, 2008 (1).

［5］ FITCH T W. The evolution of music in comparative perspective. Annals of the New York academy of sciences, 2005, 1060 (1).

［6］ GEOK H Y. Towards a biosemiotic model of national literature: samples from Singaporean writers. Taiwan University, 2005.

［7］ GIANNOULI V. Visual symmetry perception. Encephalos, 2013 (50).

［8］ HORNBORG A. Ecology as semiotics: outlines of a contextualist paradigm for human ecology//PHILIPPE D & GISLI P. Nature and society: anthropological perspectives. New York: Routledge, 1996.

［9］ KESKPAIK R. Towards a semiotic definition of trash. Sign systems studies, 2001, 29 (1).

［10］ KRAMPEN M. Phytosemiotics. Semiotica, 1981, 36 (3).

［11］ KRAUSS R. Notes on the index: seventies art in America. October, 1977, 3 (1).

［12］ KULL K. Semiotic ecology: different natures in the semiosphere. Sign systems studies, 1998 (26).

［13］ KULL K. Semioshere and a dual ecology: paradoxes of communication. Sign systems studies, 2005, 33 (1).

［14］ KULL K. Vegetative, animal, and cultural semiosis: the semiotics threshold zones. Cognitive semiotics, 2009 (4).

［15］ KULL K & LOTMAN J M. Semiotica tartuensis: Jakob von Uexküll and Juri Lotman. Chinese semiotic studies, 2012 (6).

［16］ KULL K & TOROP P. Biotranslation: translation between umwelten// PETRILLI S. Tra Segni. Roma: Meltemi Editore, 2000.

［17］ LEONE M. Environment, habitat, setting. LEXIA, 2012 (9/10).

［18］ LINDSTRÖM K, KULL K & PALANG H. Semiotic study of landscapes: an overview from semiology to ecosemiotics. Sign systems studies, 2011, 39 (2/4).

［19］ LUHMANN N & ROBERTS D. The work of art and the self-reproduction of art. Thesis Eleven, 1985 (12).

[20] MAGNUS R & KULL K. Roots of culture in the umwelt//VALSINER J. The Oxford handbook of culture and psychology. Oxford: Oxford University Press, 2012.

[21] MANDOKI K. Zoo-aethetics: a natural step after Darwin. Semiotica, 2014, 198 (1).

[22] MARAN T. Locality as a foundation concept for ecosemiotics//SIEWERS A. Re-imaging nature: enviromental humanities and ecosemiotics. Lewisburg: Bucknell University Press, 2002.

[23] MARAN T. Towards an integrated methodology of ecosemiotics: the concept of nature-text. Sign systems studies, 2007, 35 (1/2).

[24] MCKERRACHER A. The horseman's word. The scots magazine, 1987, 126 (2).

[25] MERRELL F. Living signs. Semiotica, 1999, 127 (1/4).

[26] MIHAIL L. Umwelt and semiosphere. Sign systems studies, 2002, 30 (1).

[27] NÖTH W. Ecosemiotics. Sign systems studies, 1999 (26).

[28] NÖTH W. Ecosemiotics and the semiotics of nature. Sign systems studies, 2001, 29 (1).

[29] PETERSON M. The animal apparatus: from a theory of animal acting to an ethics of animal acts. TDR the drama review, 2007, 51 (1).

[30] POSNER R. Semiotic pollution: deliberations towards an ecology of signs. Sign systems studies, 2000, 28 (1).

[31] SEBEOK T A. Prefigurements of art//RICHARD T D G. Semiotic themes. Lawrence: University of Kansas Publications, 1981.

[32] SEBEOK T A. Signs, bridges, origins//TRABANT J. Origins of language. Budapest: Collegium Budapest, 1996.

[33] SEBEOK T A. The evolution of semiosis//POSNER R, ROBERING K & SEBEOK T A. Semiotics: a handbook on the sign-theoretic foundations of nature and culture, Vol. 1. Berlin: Walter de Gruyter, 1997.

[34] SEBEOK T A. Biosemiotics: its roots, proliferation, and prospects.

Semiotica, 2001, 134 (1/4).

[35] SEVÄNEN E. Art as an autopoeitic sub-system of modern society: a critical analysis of the concepts of art and antopoietic systems in luhmann's late production. Universite laval, 2014 (80).

[36] SONEA S. The global organism: a new view of bacteria. The sciences, 1988, 28 (4).

[37] STJERNFELT F. A natural symphony? To what extent is Uexkü ll's bedeutungslehre actual for the semiotics of our time?. Semiotica, 2001, 134 (1/4).

[38] STRACEY F. Bio-art: the ethics behind the aesthetics. Nature reviews, 2009 (10).

[39] SWADDLE J , CLELLAND R E & CHE J. Symmetry preference as a cognitive by-product in starlings. Behaviour, 2004 (141).

[40] TØNNESSEN M. Umwelt ethics. Sign systems studies, 2003, 31 (1).

[41] TOROP P. Semiosphere and/as the research object of semiotics of culture. Sign systems studies, 2005, 33 (1).

[42] VON UEXKÜLL J. A stroll through the worlds of animals and men: a picture book of invisible worlds. VON UEXKÜLL T eds. Semiotica, 1992, 89 (4).

[43] VON UEXKÜLL T. Semiotics and the problem of the observer. Semiotica, 1984, 48 (3/4).

[44] WILLIAMS D. Prefigurements of art: a reply to Sebeok. Jashm, 1984, 4 (2).

[45] WILSON M S. Garrick, iconic acting, and the ideologies of theatrical portraiture. Word and image, 1999, 6 (4).

[46] ZELLER A. What's in a picture? A comparison of drawings by apes and children. Semiotica, 2007, 166 (1).

[47] ZURR I & CATTS O. Growing semi-living sculptures: the tissue culture & art project. Lenardo, 2002, 35 (4).

[48] ZURR I & CATTS O. Are semi-living semi-good or semi-evil?. Technoetic arts, 2003, 1 (1).

[49] 崔占华:《论审美发生的基础》,《广播电视大学学报》2000 年第

4 期。

［50］郭玉越：《论美感的起源—— 一种基于达尔文学说的观点》，《自然辩证法研究》2015 年第 7 期。

［51］韩顺发：《中国古代马戏》，《中华文化画报》2008 年第 7 期。

［52］何少云、黄淑美：《中国岭南盆景美学思想的基本特征》，《中山大学学报》1999 年第 4 期。

［53］黄海澄：《控制论的美感论》，《文艺理论研究》1985 年第 4 期。

［54］黄海澄：《论审美心理结构及其系统发生和个体发生》，《江汉论坛》1986 年第 2 期。

［55］黄珺：《中国古代的马戏》，《体育文化导刊》2003 年第 12 期。

［56］黄鸣奋：《新媒体时代艺术研究新视野》，《厦门大学学报》2015 年第 2 期。

［57］黄新荣：《动物的前美感和人的美感》，《美与时代》2008 年第 11 期。

［58］李金明：《论园林中的植物造景》，《湖南农业科学》2004 年第 4 期。

［59］刘宗迪：《百兽率舞——论原始舞蹈的文化效应》，《文艺研究》2000 年第 3 期。

［60］卢颂江：《审美感官是全部世界史的产物》，《南京大学学报》1994 年第 4 期。

［61］陆正兰、赵毅衡：《艺术不是什么：从符号学定义艺术》，《艺术百家》2009 年第 6 期。

［62］玛切诺·巴比耶力著，简瑞碧译：《生命符号学是否已进入成熟期》，《中外文学》2005 年第 34 卷第 7 期。

［63］徐恒醇辑录：《艺术是表象符号系统的客观化——摘自〈审美特性〉》，《外国美学》2014 年第 1 期。

［64］许丙泉：《从快感到美感》，山东大学博士学位论文，2006 年。

［65］尤娜特·祖尔、奥伦·凯兹著，刁俊春译：《生物艺术的伦理要求：杀死他者还是自我相食？》，《中国美术学院学报》2015 年第 10 期。

［66］张平杰：《生物艺术的道路》，《画刊》2015 年第 11 期。

［67］赵毅衡：《展示：意义的文化范畴》，《四川戏剧》2015 年第 4 期。

［68］赵毅衡：《形式直观：符号现象学的出发点》，《文艺研究》2015 年

第 1 期。

［69］周平远：《从动物行为学看舞蹈和音乐的起源——艺术起源的胚胎发生学研究之一》，《上饶师专学报》1987 年第 2 期。

［70］周平远：《论艺术起源的动力系统》，《上饶师专学报》1991 年第 6 期。

［71］周启光：《论证美（美感）就是快感》，《美与时代》2008 年第 11 期。

## 三、网络文献

［1］DUFOUR V, POULIN N, CURÉ C, et al. Chimpanzee drumming：a spontaneous performance with characteristics of human musical drumming. Scientific reports，2015（5）.［2015 – 12 – 20］. http：//www. nature. com/articles/srep11320? message-global = remove&WT. ec_ id = SREP20150623.

［2］HÉBERT L. The veridictory square.［2016 – 01 – 05］. in Louis Hébert（dir.），Signo（online），Rimouski（Quebec）. http：//www. signosemio. com/greimas/veridictory-square. asp.

［3］IRVINE M. The art/non-art binaries：the logic of the artworld and the art market.［2016 – 01 – 22］. http：//faculty. georgetown. ed. u/irvinem/visualarts/ Art-Non-Art. html.

［4］KALLERGIC A. Bioart on display：challenges and opportunities of exhibiting of bioart.［2016 – 02 – 03］. http：//www. kallergia. com/bioart/docs/kallergi_ bioartondisplay. pdf.

［5］KELVES B H & NISSESON M. Picturing DNA.［2015 – 09 – 10］. http：//www. geneart. org/genome_kremers. htm.

［6］KEMBER S. Creative evolution? The quest for life（on Mars）.［2015 – 11 – 04］. http：//www. culturemachine. net/index. php/cm/article/view/235/216.

［7］NORRIS A. Can elephants really paint?.［2015 – 03 – 17］. http：//www. mnn. com/earth-matters/animals/stories/can-elephants-really-paint.

［8］SARV L. Ideology behind ecological design.［2015 – 04 – 07］. Culture of communication，2012：1245 – 1253. http：//ruc. udc. es/dspace/handle/2183/13413.

［9］ SEIDL D. Luhmann's theory of autopoietic social systems. ［2015 – 08 – 03］. http：//www. zfog. bwl. uni-muenchen. de/files/mitarbeiter/paper2004_2. pdf.

［10］ SONESSON G. The concept of text in cultural semiotics. ［2015 – 07 – 07］. https：//www. ut. ee/SOSE/sss/pdf/sonesson26. pdf.

［11］ WELSCH W. Animal aesthetics. Contemporary aesthetics，2004（2）. ［2015 – 06 – 25］. http：//hdl. handle. net/2027/spo. 7523862. 0002. 015.

# 暨南文库·新闻传播学
# 第一辑书目